Integrated Korean Workbook

Intermediate 2
Second Edition

Mee-Jeong Park   Sang-Suk Oh   Joowon Suh   Mary Shin Kim

KLEAR Textbooks in Korean Language

© 2013 University of Hawai'i Press
All rights reserved
Printed in the United States of America
18 17 16   6 5 4 3

This textbook series has been developed by the Korean Language Education and
Research Center (KLEAR) with the support of the Korea Foundation.

ISBN 978-0-8248-3867-6

Illustrations by Sejin Han

Audio files for this volume may be downloaded on the Web in MP3 format at
http://www.kleartextbook.com

A set of accompanying audio CDs for this book is also available for purchase.
For more information, contact:

Order Department
University of Hawai'i Press
2840 Kolowalu Street
Honolulu, Hawaii 96822
Toll free: 888-847-7377
Outside North America: 808-956-8255

Camera-ready copy has been provided by KLEAR.

Printed by Sheridan Books, Inc.

CONTENTS

INTRODUCTION

Volume 2 of this workbook accompanies volume 2 of *Integrated Korean, Intermediate*, second edition. On a par with the main text, volume 2 of this workbook is composed of activities covering lessons 8 through 15, while volume 1 consists of activities covering lessons 1 through 7.

The most significant difference in the second edition of the workbook reflects the current trend among Korean language learners in U.S. universities. Traditionally, the primary Korean language learners in U.S. universities were students of Korean heritage. Within recent years, however, the number of nonheritage learners has increased, and thus, to meet their needs, revising the workbook content appropriately was an immediate necessity. The editors decided to compose new content for the workbook rather than simply to revise the first edition.

While the earlier edition focused on the four language skills individually, the second edition adopts an integrated approach by encompassing grammar and vocabulary in addition to the four language skills. To maximize learning, fitting for both nonheritage and heritage learners, all areas (vocabulary, expression, grammar, listening, speaking, writing) have been reorganized according to the level of difficulty. Overall, the second edition of the workbook aims to help students learn effectively and in a fun way in a short period of time. Furthermore, starting with simple vocabulary exercises, the new edition of the workbook focuses on integrating grammar and function to develop the types of exercises applicable to modern daily situations. The second edition gives salience to the importance of vocabulary and provides vocabulary exercises through a variety of questions.

Illustrations are used here to replace the mechanically repetitive exercises of the first edition with more cognitively challenging practices. The use of illustrations is believed to be more effective in maximizing the students' concentration and holding their interest.

Whereas the first edition was organized to be used only after each lesson was completed, the second edition consists of pre-, main-, and post-lesson exercises, enabling students to use the workbook simultaneously with the textbook. Daily practice is necessary for language improvement, and this new organization of the workbook will increase the level of efficiency. Exercises are integrated into new lesson points with previously learned grammar and vocabulary. In addition, post-exercises from each lesson include various applications such as task orientation and information gathering. They are further bolstered by two review lessons. The first includes materials covered in lessons 8–11, and the second includes materials covered in lessons 12–15.

CONVERSATION 1	민지랑 마크를 초대하자.

A. Choose the word that best describes each picture and write it below the corresponding picture.

김밥   동영상   떡볶이   문자   재료   초   초대장   회의

1. _____   2. _____   3. _____   4. _____

         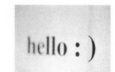   

5. _____   6. _____   7. _____   8. _____

B. Write the English loanwords for the following words.

1.   cake: _____   2.   chocolate: _____

3.   camera: _____   4.   card: _____

C. Fill in the blanks with the appropriate words from the box below. Conjugate if necessary.

급하다	모이다	여태	올리다	잊어버리다	정신없다	친하다

1.   다음 주말 파티 준비할 때 우리 집에서 _____까?

2.   오늘 숙제가 있는 것을 깜빡 _____요.

3.   파티에서 찍은 사진을 어제 인터넷에 _____는데 한번 보세요.

4.   친구들 중에서 누구하고 제일 _____요?

5.   A: 민지 생일이 내일인데 _____ 생일 파티 초대장을 안

            보냈어요?

      B: 이번 주에 팀 프로젝트가 있어서 _____이 바빴어요. 지금

            바로 보낼게요.

6.   A: 민지 생일 파티 준비해야 되는데 지금 시간 있으세요?

      B: 죄송한데 제가 지금 좀 _____게 갈 데가 있어요. 중요한

            약속이 있거든요.

D. You are planning to host a birthday party for your friend.

1.   Make a list of things to do in organizing the party.

        _____

        _____

2. Create a memo that will be distributed to your friends that will help them organize the party. Include the information on time, date, place, whom to invite, food, cooking, grocery shopping, decorations, gifts, etc.

E. Match the following questions containing ~지(요)? (seeking speaker's confirmation: Beginning Lesson 8, G8.1) in the left column with an appropriate response in the right column.

1. 민지하고 친하지요?   •   •   성희가 벌써 다 끝냈는데요.

2. 마크 생일 파티에   •   •   네. 한국 팀이 아주
   민지도 초대할 거지?   잘 하던데요.

3. 동수가 파티 초대장   •   •   응. 마크가 민지를
   쓰기로 했지요?   좋아하잖아.

4. 약국이 열려 있지?   •   •   네. 어릴 때부터 잘 알아요.

5. 유튜브에 동영상 올리는   •   •   응. 민수가 친절하게
   거 어렵지 않았지?   가르쳐 주던데.

6. 어제 축구 경기 봤죠?   •   •   아니. 닫혔어.

F. Match the following questions containing the indirect question suffix ~지(요)? in the left column with an appropriate response in the right column.

1.   우리 언제 야구 경기   •   •   제니가 몸이 안 좋대요.
      구경 가지?

2.   마크 생일에 어디서   •   •   마크하고 가까운 것 같아.
      모이기로 했지요?

3.   오늘 저녁엔 뭘 먹지?   •   •   다음 주말 어때?

4.   민지는 누구하고 친하지? •   •   김밥 사러 가려고.

5.   오늘 회의를 왜 일찍   •   •   페이스북에 메시지 남겨 봐.
      끝냈지요?

6.   수지한테 어떻게 연락하지?•   •   학교 앞 한국 식당일 거예요.

G. Answer the questions containing the indirect question suffix ~지(요)? as in 1.

1.   A: 유진이가 왜 안 보이지요?

      B: 지금 도서관에서 공부하고 있어요.

2.   A: 한국어 단어 시험이 언제지요?

      B: _____.

3.   A: 재료가 다 들어갔는데 왜 떡볶이가 맛이 없지요?

      B: _____.

4.   A: 어제 수지가 왜 회의에 안 왔지요?

      B: _____.

5.   A: 민수 핸드폰으로 문자 보냈는데 왜 연락이 없죠?

      B: _____.

6.   A: 낮잠 잤는데 왜 이렇게 피곤하죠?

      B: _____.

H. Complete the following questions using the indirect question suffix ~지(요)? as in 1.

1.   A: 여기 한국어 교실이 <u>어디지요</u>?

      B: 저기 201 호예요.

2.   A: 할아버지께 인사 드리는 사람이 _____?

      B: 우리 누나예요.

3.   A: 스티브 생일이 _____?

      B: 다음 주말이잖아요.

4.   A: 수지가 지금 _____?

      B: 지금 내 방에서 컴퓨터 쓰고 있어.

5.   A: 오늘 점심에는 _____?

      B: 어제는 육개장을 먹었으니까 오늘은 김치찌개 어때?

6.   A: 케이크 사고 나서 또 뭘 _____?

      B: 백화점에 들러서 선물을 사야 돼요.

I. Match the phrases in the left column with the most appropriate phrases in the right column.

1.   오늘 오후에는 비가   •   •   크레딧 카드로 내세요.
      많이 올 테니까

2.   오늘 많이 늦을 테니까   •   •   우산 가지고 가세요.

3.   내가 초콜릿 케이크   •   •   기다리지 마세요.
      가져 갈 테니까

4.   현금이 모자랄 테니까   •   •   김밥 만들어 먹자.

5.   내가 너한테 이메일로   •   •   너는 선물 사 가지고 와.
      초대장 보낼 테니까

6.   내가 재료 사 올 테니까   •   •   페이스북에 좀 올려 줘.

J. Listen to the following short dialogues and fill in the blanks. 🎧

1.   A: 민지가 아직 안 왔는데 파티를 시작할까요?

      B: 민지는 _____ 테니까 먼저 시작하세요.

2.   A: 컴퓨터가 고장 나면 누구한테 물어 봐야 할까?

      B: 동수가 잘 _____ 테니까 동수한테 물어 봐.

3.   A: 제니한테 같이 영화 보러 가자고 연락해 볼까요?

      B: 지금 시험 공부하느라고 _____ 테니까 하지 마세요.

4.   A: 마이클이 왜 이렇게 안 오지? 전화 한번 해 볼까?

      B: 지금쯤 벌써 _____ 테니까 조금 더 기다려 보자.

5.   A: 민지야, 어제 밤 늦게까지 공부하느라고 _____ 테니까 좀 쉬어.

　 B: 어, 그래. 나 한 시간만 잘게.

6.   A: 다음 주에 서울에 가는데 뭘 준비해야 하지?

　 B: 지금 서울에 가면 _____테니까 두꺼운 옷 좀 가지고 가.

K. Listen to the dialogues in J one more time without looking at the script. Then, mark the following sentences with (T)rue or (F)alse. 🎧

1.   _____   Minji came to the party on time.

2.   _____   Dongsoo has a broken computer.

3.   _____   Jenny is busy today.

4.   _____   Michael is not coming.

5.   _____   Minji needs to study tonight.

6.   _____   Seoul is cold now.

L. Complete the remaining part of the sentences as in 1.

1.   내가 먼저 가서 기다리고 있을 테니까 <u>천천히 와</u>.

2.   이 시간에는 차가 많이 막힐 테니까 _____.

3.   내가 친구들을 초대할 테니까 _____.

4.   내일까지 숙제 일찍 끝낼 테니까 _____.

5.   파티 사진 인터넷에 올릴 테니까 _____.

M. Complete the beginning part of the sentences using the pictures as cues.

1.   _____ 테니까 기다리지 말고 먼저 저녁을 먹어.

2.   나는 _____ 테니까 너는 선물을 준비해 줄래?

3.   나는 _____ 테니까 너는 잡채 재료 사 가지고 와.

4.   길이 _____ 테니까 지하철 타고 가자.

5.   **$ 34**   **$ 11**   사과는 _____ 테니까 오렌지를 사자.

| CONVERSATION 2 | 생일 축하해, 스티브! |

A. Choose the word that best describes each picture and write it below the corresponding picture.

| 냄새   디저트   마트   미역국   초인종   촛불 |

1. _____

2. _____

3. _____

4. _____

5. _____

6. _____

B. Match the Korean words on the left with the English glosses on the right.

1.　국　　　　•　　　　　•　dexterity; skill

2.　고생　　　•　　　　　•　gathering

3.　농담　　　•　　　　　•　wish

4.　모임　　　•　　　　　•　soup

5.　소원　　　•　　　　　•　pains/toil

6.　솜씨　　　•　　　　　•　joke

Now, fill in the blanks with the appropriate words provided on the previous page.

지난 주말에는 민지 집에서 고등학교 친구들 _____이 있었다. 민지가 그동안 배운

요리 _____를 보여 주겠다고 했다. 맛없는 음식 먹으려면 _____ 좀 하겠다고

_____을 하며 웃었다. 하지만, 민지가 만든 음식은 정말 맛있었다. 나는

된장_____이 특히 맛있었다. 나도 민지처럼 요리를 잘 하는 게 _____이다.

C. Fill in the blanks with the appropriate words from the box. Conjugate accordingly.

끄다   끓이다   나다   내다   누르다   마치다   빌다

1.   부엌에서 아주 맛있는 냄새가 _____네요. 뭐 만드세요?

2.   좋은 대학에 꼭 가세요. 제가 매일 _____ 드릴게요.

3.   오늘 파티 _____고 나서 같이 청소 좀 할 수 있어?

4.   이번 주 숙제는 언제까지 _____야 돼요?

5.   마크 씨, 생일 축하해요. 어서 촛불 _____세요.

6.   집에 아무도 없나 봐요. 초인종 한 번만 더 _____러 볼래요?

7.   저녁에는 무슨 국을 _____까요?

D. Fill in the blanks with the appropriate words from the box. Conjugate if necessary.

꼭   다행이다   얼마   이렇게   전혀

1.   A: 다음 주말 모임에 오실 거죠?

      B: 그럼요. 바쁜 일이 있어도 _____ 갈게요.

2.   A: 민지 씨, 어떻게 떡볶이를 _____ 맛있게 만들어요?

      B: 좋은 재료만 있으면 돼요.

3.   A: 기숙사에서 된장국 끓여도 괜찮아?

      B: 그럼. 문 닫으면 냄새 _____ 안 나.

4.   A: 점심 때 동수하고 통화했는데 파티에 올 수 있대요.

      B: 그래요? 정말 _____ 이네요.

5.   시험도 끝났으니까 _____ 동안 여행이나 했으면 좋겠어요.

E. Complete the dialogues using the ~느라고 form as in 1.

1.   A: 마크 씨, 죄송해요. <u>어제 일하느라고</u> 전화하는 걸 깜빡 잊어버렸어요.

      B: 아, 괜찮아요. 급한 일 아니었어요.

2.   A: 어제 계속 전화 안 받던데요.

      B: _____ 받을 수가 없었어요.

3.   A: 어제 왜 우리 집에 안 들르셨어요?

      B: 마트에서 _____ 못 들렀어요.

4.   A: 어제, 티비에서 농구 경기 봤어요?

      B: 아니요, _____ 못 봤어요.

5.   A: 요즘 많이 바쁘세요?

      B: 아, 직장에서 _____ 정신이 없어요.

6.   A: 요즘 어떻게 지내요?

      B: 공부하면서 일도 _____ 많이 바빠요.

F. Using the pictures as hints, answer the questions with either ~느라고 or ~어서/아서.

1.   A: 요즘도 농구하세요?

              B: _____ 농구는 자주 못 해요.

2.   A: 어제 골프 치셨어요?

              B: _____ 못 쳤어요.

3.   A: 아까 몇 번 전화했는데 왜 안 받으셨어요?

              B   _____ 몰랐었어요.

4.   A: 오늘 수업에 왜 안 왔어요?

              B: _____ 갈 수가 없었어요.

5.   A: 오늘 많이 피곤해 보이네요.

              B: _____ 늦게까지 못 잤어요.

G. Create your own dialogues based on the information provided in the brackets as in 1.

1.   [시험 공부하다 / 잠을 조금 밖에 못 자다]

    A: <u>어제 잠 좀 잤어요?</u>

    B: <u>아니요, 어제 시험 공부하느라고 잠을 조금밖에 못 잤어요.</u>

2.   [어제 밤에 남자 친구와 통화하다 / 아침에 늦게 일어나다]

    A: _____

    B: _____

3.   [지난 목요일에는 운동하러 가다 / 저녁을 늦게 먹다]

    A: _____

    B: _____

4.   [요즘 주말이면 운전 배우다 / 바쁘다]

    A: _____

    B: _____

5.   [요즘 졸업 준비하다 / 정신이 없다]

    A: _____

    B: _____

6.   [어제 밤에 친한 친구하고 얘기하다 / 늦게 자다]

A: _____.

B: _____.

H. Compose sentences using ~(으)ㄴ/는 줄 모르다 based on the information in the brackets.

1.   [weather / cold]   오늘 날씨가 이렇게 추운 줄 몰랐어요.

2.   [exam / difficult]   _____.

3.   [traffic / congested]   _____.

4.   [party / fun]   _____.

5.   [cake / delicious]   _____.

6.   [Mike / close to Mary] _____.

I. Complete the sentences using ~(으)ㄴ/는 줄 알다/ 모르다 in the given context.

1.   A: 이번 주말에 제니 생일 파티에 갈 거예요?

      B: 아, 저는 다음 주인 줄 알았어요.

2.   A: 왜 이렇게 늦게 오셨어요? 한 시간이나 늦었네요.

      B: 그래요? _____.

3.   A: 누가 이 초대장 에 그림을 그리죠?

      B: 민지 씨가 그림을 잘 그려요.

      A: 그래요? 저는_____.

4.   A: 그 코트는 육십만 원이에요.

      B: 그래요? _____.

5.   A: 한국어를 참 잘하시네요.

      B: 한국에서 태어나서 12 살 때까지 거기서 자랐거든요.

      A: 정말요? _____.

6.   A: 오늘 야구 시합 있지 않아요?

      B: 오늘은 시합이 없는데요.

      A: 아, 그래요? _____.

WRAP-UP ACTIVITIES

A. Listen to the questions and write your answers. 🎧

1. _____.

2. _____.

3. _____.

4. _____.

5. _____.

B. Below is Steve's thank-you note to his friends who helped him with the arrangements for his birthday party. Fill in the blanks with the appropriate words from the box. Conjugate the verbs and adjectives.

고생   공부하다   꼭   다행이다   모르다   모이다   솜씨   좋다   초대하다

지난 주 제 생일 파티를 준비해 주셔서 고맙습니다. 제가 한국에 온 지 벌써 아홉 달이 됐습니다. 처음에는 한국말도 잘 못하고 한국 생활도 잘 몰라서 _____이 많았는데 이제는 한국말도 많이 배우고, 한국 음식도 잘 먹을 수 있어서 참 _____. 이번 제 생일에 수빈 씨 집에서 파티를 해 줘서 너무 행복했어요. 수빈 씨, 고마워요. 그리고 동수 씨가 만든 떡볶이와 김밥은 정말 맛있던데요. 저는 동수 씨 요리 _____가 그렇게 _____ 몰랐어요. 너무 맛있어서 아주 많이 먹었어요. 그리고 민지 씨는 노래를 잘 부르던데요. 저는 민지 씨가 공부는 잘 하는 줄 알았지만 노래 솜씨도 있는 줄 _____. 요즘 시험 _____느라고 많이 힘들었는데, 파티 하고

나서 너무 기분이 좋아졌어요. 언제 한번 우리 집에서 _____. 곧 _____

테니까 다들 _____ 오세요.

다시 한 번 고마워요.

스티브

C. Read the above passage again and answer the following questions based on the passage.

1. 왜 스티브는 한국에 처음 와서 왜 힘들었습니까?

    _____.

2. 누구 집에서 스티브 생일 파티를 했습니까?

    _____.

3. 스티브는 민지에 대해서 무엇을 몰랐습니까? (~에 대해서 'about')

    _____.

4. 스티브는 왜 이 편지를 썼습니까?

    _____.

D. Listen to the following passage and fill in the blanks with what you hear.

A: 샌디야, 오랜만이다.

B: 어, 민지야.

A: 요즘 날씨가 많이 추워졌지?

B: 응. 난 서울 날씨가 이렇게 (1)_____. 이렇게

(2)_____ 집에서 겨울 옷을 더 많이 가지고 왔을 거야.

A: 여기는 보통 11 월부터 많이 추워져. 근데 올해는 더 일찍

(3)_____.

B: 아까 엄마하고 통화했는데 옷 좀 (4)_____.

너 나하고 내일 쇼핑 가지 않을래?

A: 어, 그래? 잘 됐다. 모레가 남자 친구 생일이라서 선물을 사야 되거든.

B: 그럼, 우리 서울 백화점에 가지 않을래? 아까 신문을 보니까 서울

백화점에서 (5)_____.

A: 응, 그거 좋은 생각이다. 내가 내일 수업 끝나고 학생 회관 앞에서

(6)_____ 그쪽으로 올래?

B: 그래. 그럼 내일 거기서 봐.

E. Listen to the dialogues in D again and mark the following statements (T)rue or (F)alse.

1.   _____ Sandy did not know how cold the weather could be in Seoul.

2.   _____ Sandy asked her mother to send her more clothes.

3.   _____ There is a sale at the Seoul department store.

4.   _____ Minji will meet Sandy in front of the department store tomorrow.

마크가 만든 잡채가 그렇게 맛있었다면서요? 저는 마크가 요리를 _____

전혀 몰랐어요. 스티브 씨가 노래도 했다고 들었어요. 성희는 스티브 씨가 그렇게

노래를 잘 할 줄 몰랐대요. 다음에 저도 한번 듣고 싶어요. 참, 스티브 씨 나이가

24살이라고 하던데 정말이에요? 저는 스티브 씨 나이가 그렇게 _____

몰랐어요. 저는 저하고 비슷한 줄 알았거든요.

K. Listen to the following telephone message that Steve left on Minji's voice mail box. Then, mark the statements (T)rue or (F)alse. 🎧

1. _____   The birthday party was initially proposed on the 13th.

2. _____   Mark has an important appointment on the 15th.

3. _____   Dongsoo has a big test on the 16th.

4. _____   Minji was planning to prepare some food.

5. _____   Steve is going to write invitation letters.

6. _____   Susie is asked to sing a song.

L. Suppose that this coming Sunday is your twentieth birthday. You would like to invite everyone in your Korean class to your birthday party. Write an invitation letter including the information on the time, place, activities that are planned, things that people should bring, and so on. You may decorate the card if you like.

_____

_____

_____

_____

_____

_____

_____

_____

_____

M. Pretend that you are Steve and write a thank-you note to those who helped with his birthday party. Include as many words and expressions that you learned in this lesson as possible.

_____

_____

_____

_____

_____

_____

I. Describe the following pictures using ~어/아 하다 pattern.

1. [좋아하다]

마크는 _____

2. [피곤해하다]

지미가 많이 _____

3. [행복해하다]

유진은 _____

4. [그리워하다]

폴은 고향을 _____

5. [힘들어하다]

스티브는 운동을 _____

6. [불편해하다]

동수는 룸메이트를 _____

J. Complete the dialogues using the expressions in parentheses as in 1.

1. A: 다음 주에는 한국어 수업이 없어요? [즐겁다]

   B: <u>네. 그래서 저는 즐거운데 민지 씨는 즐거워하지 않아요.</u>

2. A: 오늘 시험을 안 보고 내일 보는 게 맞아요? [좋다]

   B: _____.

3.   A: 내일 비가 온다고 하던데요. [싫다]

      B: _____.

4.   A: 다음 달에 민지 가족이 이사를 가기로 했대요. [슬프다]

      B: _____.

5.   A: 두 사람 다 마크 씨 생일 파티에 오는 걸 잊어버렸다고 하던데요?
            [미안하다]

      B: _____.

6.   A: 매일 아침에 청소를 한다고 들었는데, 맞아요? [귀찮다]

      B: _____.

K. Listen to the following sentences and match the person and his/her styles.

민지	이발하기 맛있는 것 먹기 파마하기 주말에 공부하기 이메일 받기	기뻐하다 좋아하다 행복해하다
유진	영화/ 연극 보기 외국어 배우기 맛있는 것 못 먹는 것 전화 통화하기	즐거워하다 귀찮아하다 싫어하다 힘들어하다
성희	외국 사람과 얘기하기 남자 친구 만나는 것 처음 만나는 사람과 얘기하기	어려워하다 슬퍼하다 불편해하다

L. Fill in the blanks with the appropriate words using the cues in parentheses as in 1.

1.   앞머리를 좀 <u>짧</u>게 해 주세요. [short]

2.   아주머니, 어젯밤에 방이 너무 춥던데 좀 _____게 해 주세요. [warm]

3.   파마하고 싶은데 좀 _____게 해 주세요. [natural]

4.   선생님, 지난 번 시험은 너무 어렵던데 이번 건 좀 _____게 만들어

주세요. [easy]

5.   미용실 언니가 나 내일 파티에 갈 때 화장 _____게 해 주겠다고
했어. [pretty]

6.   요즘 아이들이 텔레비전을 너무 많이 보는 편이에요. 아이들이 텔레비전을

많이 _____게 해 주세요. [not watch]

M. Choose an appropriate word from the box below and complete the dialogues using
the ~게 하다 form as in 1.

기쁘다   떠들다   밝다   손질하기 쉽다   자다   짜다

1.   A: 왜 그러세요?

B: 아이들이 너무 시끄러워요. <u>떠들지 않게 해 주세요.</u>

2.   미용사: 화장이 마음에 안 드세요?

손님: 너무 어둡네요. 좀 더 _____.

3.   A: 어떻게 하면 부모님을 _____?

B: 공부를 열심히 하는 게 제일 좋아요.

4.   A: 손님, 머리 어떻게 해 드릴까요?

     B: 아침에 항상 시간이 없으니까 _____.

5.   A: 아이들이 아침에 잘 못 일어나요. 어떻게 하면 좋을까요?

     B: 밤 10 시 전에 _____.

6.   A: 아주머니, 지난 번에 김치찌개가 너무 짰어요.

     B: 이번에는 _____.

          네. 알았어요. 그렇게 해 드릴게요.

N. Complete the sentences using one of the given expressions in the boxes below and the ~게 하다/되다 pattern as in 1.

감기 조심하다	한국 음식을 좋아하다	학교에 갈 때 걸어 다니다
너무 맵다	손을 씻다	기다리다

1.   제가 매운 음식을 잘 못 먹으니까 <u>너무 맵게 하지 마세요</u>.

2.   제가 10 분 후에 도착할 테니까 잠시만 _____.

3.   여러 가지 맛있는 음식을 자주 먹다가 _____.

4.   아이들이 식사하기 전에 _____.

5.   요즘 날씨가 많이 추워졌으니까 _____.

6.   요즘 운동할 시간이 없으니까 _____.

O. Listen to the short dialogues and answer the questions in English.

1. What problem did the customer have before?

   _____.

2. What is the woman being asked to do?

   _____.

3. What is the intention of the man?

   _____.

4. What is the man's suggestion?

   _____.

5. How is the customer's hair going to be fixed?

   _____.

| **CONVERSATION 2** | 어떻게 깎아 드릴까요? |

A. Choose the word that best describes each picture and write it below the corresponding picture.

| 면도 옆머리 이발 이발사 팁 |

1. _____   2. _____   3. _____

4. _____   5. _____

B. Choose the appropriate words from the box and fill in the blanks. Conjugate if necessary.

| 감다   감기다   깎다   깨다   깨우다   먹이다   벗기다 |
| 신기다   울리다   웃기다   입히다   재우다   타다   태우다 |

1.   한 시간 후에 아기한테 우유를 _____고 졸린 것 같으면 _____ 주세요.

2.   옆머리는 짧게 _____고 앞머리는 길게 _____ 주세요.

3.   생선이 다 _____요. 다음부터는 _____지 마세요.

4. 아기한테서 더러운 바지를 _____고, 새 바지로 _____ 주세요.

5. 지금 아이들을 _____지 마세요. 한 시간 더 자고 나서 8시쯤에

    _____ 거예요.

6. 아이를 _____지 말고 한 번 재미있는 얘기로 _____ 보세요.

C. Change the following verbs using the ~는 거예요 pattern.

1. 깎아요   →   <u>깎는 거예요.</u>

2. 찍어요   →   _____

3. 손질해요   →   _____

4. 재워요   →   _____

5. 놀아요   →   _____

6. 다듬어요   →   _____

7. 써요   →   _____

8. 잘라요   →   _____

D. Complete the following conversations using the expression ~는 거예요 and the given English cue as in 1.

1. 지금 자고 있어요?

    <u>아니요, 지금 생각하는 거예요.</u> [thinking]

2. 어디 가세요?

    _____. [going to a beauty salon]

3.   영진 씨, 지금 뭐하세요?

_____. [feeding a baby]

4.   이건 무슨 음식 만들어?

_____. [making seaweed soup]

5.   왜 그래요? 지금 울어요?

_____게 아니라 _____. [laughing]

6.   저기 사람들이 모여서 뭐해요?

_____. [partying]

E. Based on the telephone conversation between Soyeon and Youngjin, listen to the questions and answer them in Korean. 🎧

1.   _____.

2.   _____.

3.   _____.

4.   _____.

5.   _____.

F. Fill in the blanks with active and causative forms of the verbs.

Active verbs	Active polite	Causative verbs	Causative polite
먹다	먹어요	먹이다	
입다			입혀요

Active verbs	Active polite	Causative verbs	Causative polite
벗다			
울다	울어요		
죽다			
자다			
앉다			
끓다	끓어요		
감다			감겨요
타다	타요		
웃다			
깨다	깨어요		
신다		신기다	
눕다			눕혀요

G. Fill in the blanks and complete the sentences as in 1.

1. [plain: 먹다]   <u>아이가 밥을 먹어요.</u>

   [causative: <u>먹이다</u>]   <u>어머니가 아이한테 밥을 먹여요.</u>

2. [plain: 입다]   민지가 옷을 _____.

   [causative: _____] 언니가 민지한테 _____.

3. [plain: 울다]   밤마다 아기가 _____.

   [causative: _____] 아기를 _____.

4.   [plain: 감다]   소피가 머리를 _____.

    [causative: _____]   누나가 소피한테 머리를 _____.

5.   [active: 끓다]   물이 _____.

    [causative: _____]   물을 _____.

6.   [active: 웃다]   여기서 _____지 마세요.

    [causative: _____]   저를 _____지 마세요.

7.   [plain: 자다]   피곤하면 좀 _____.

    [causative: _____]   지금 자야 되는 시간인데 아기를 _____.

8.   [plain: 타다]   고기가 다 _____.

    [causative: _____]   이 편지는 _____지 마세요.

H. Create sentences using the appropriate form of a verb, active or passive. Choose the proper verb from the given list, based on the given context.

갈아 입다   깨다   눕다   먹다   웃다   타다

1.   유진: 요즘 아이한테 무슨 옷을 <u>입혀요</u>?

    점원: <u>반바지하고 셔츠를 입혀요</u>.

2.   A: 우리 아기 옷이 너무 더러워졌어요.

    B: _____.

3. A: 이게 무슨 냄새에요?

 B: _____.

 A: 그래요? 다음부터는 고기를 너무 오래 굽지 마세요. (*굽다: bake)

4. A: 마크 씨가 왜 좋아요?

 B: _____.

5. A: 엄마, 내일은 학교에 일찍 가야 해요.

 _____?

 B: 응, 알았어. 내일 일찍 일어나야 하니까 이제 자라.

6. A: _____?

 B: 한 시간 후에 우유를 먹여 주세요.

WRAP-UP ACTIVITIES

A. Answer the given questions.

    1.   Provide all the related expressions for a haircut in a barbershop:

           _____

           _____

    2.   Provide all the related expressions for a beauty salon:

           _____

           _____

B. Read the following passage and answer the questions in Korean.

> 우리 동네 "윤 미용실"은 파마를 아주 잘 하는 것 같다. 아주 편리한 곳에 있어서 찾아 가기도 쉽다. 윤 미용실은 보통 문을 일찍 닫는 것으로 유명하다. 매일 오후 12 시에 열어서 5 시에 닫는다. 그렇지만 머리 손질을 아주 잘하기 때문에 여기서 머리를 하려면 기다려야 할 때가 많다. 가격은 비싼 편이지만 자주 오는 손님한테는 가격을 깎아 주기도 한다. 윤 미용실은 우리 동네에서 인기가 많아서 손님들이 아주 많다.
>
> 하루는, 집에 가는 길에 파마를 하려고 "윤 미용실"에 들렀다. 내 앞에 손님이 네 명이나 기다리고 있었다. 한 손님은 굵은 파마를 하고 있었고 다른 손님은 화장을 하고 있었다. 또 다른 손님은 머리를 드라이어로 말리고 있었고 마지막 손님은 소파에 앉아서 잡지를 읽고 있었다. 그 때 아이를 데리고 한 아저씨가 미용실로

들어 왔다.

　"여기서 남자 이발도 잘 해 준다고 해서 왔는데, 남자 머리도 깎아 주나요?"하고 물었다. "아저씨가 이발하실 거예요? 아드님이 이발하실 거예요?"라고 미용사가 물었다. 둘 다 할 거라고 아저씨가 대답했다. *그러자 미용사가 말했다. "둘 다 하려면 시간이 모자라요. 저희는 5 시에 문을 닫거든요." 20 분 정도만 더하면 될 것 같은데 그냥 오늘 둘 다 깎아 주면 안 되냐고 아저씨가 물었다. 그러자 미용사는 "저희는 시간을 꼭 지킵니다"라고 하면서 오늘은 아이만 이발하시고 아저씨는 내일 오셔서 깎으시라고 말했다. 아저씨는 "그럼, 내일 다시 올게요. 예약해 주시겠어요?"라고 했다. 그러자 미용사는 "우리는 예약을 안 받아요. 내일 12 까지 오세요. 그럼 제일 먼저 해 드릴게요."라고 했다.

　　*그러자 'then, at that'

1.　　윤 미용실은 무엇으로 유명합니까?

　　　　_____.

2.　　윤 미용실이 인기가 좋은 이유를 두 가지만 말해 보세요.

　　　　_____.

3.　　아저씨와 아들은 이발을 왜 못했습니까?

　　　　_____.

4.　　아저씨와 아들은 이발을 하려면 어떻게 해야 합니까?

　　　　_____.

5.　　In the passage, circle all the new grammar patterns and underline the new words that are introduced in L9. (윗 글에서 9 과에서 배운 새로운 표현에는 동그라미를 하고 새로 배운 문법 패턴에는 밑줄을 그어 보세요.)

C. Listen to the following passage and fill in the blanks with what you hear. 🎧

마크:　　　샌디야, 오랜만이다. 근데 헤어스타일이 바뀌었네.

샌디:　　　응. 머리를 ＿＿＿＿＿＿＿가 ＿＿＿＿＿＿＿ 짧게 잘랐어.

마크:　　　아주 ＿＿＿＿＿＿＿. 얼굴하고 잘 어울리는 것 같아.

샌디:　　　그래? 그말 들으니까 기분이 좋네. 마크 너도 이발한 것 같은데?

마크:　　　응. 뒷머리가 많이 자란 것 같아서 머리를 조금 잘랐어.

샌디:　　　너도 머리를 자르니까 아주 ＿＿＿＿＿＿＿.

마크:　　　그럼, 다행이다. 처음에 이발사 아저씨한테 너무 짧게 하지 말아

　　　　　　달라고 했는데, 너무 많이 자른 것 같아서 ＿＿＿＿＿＿＿.

샌디:　　　그렇게 ＿＿＿＿＿＿＿ 않는데. 그냥 좋아 보여.

　　　　　　근데, 요즘 스티브 얼굴을 볼 수가 없는 것 같아.

　　　　　　스티브한테 무슨 일 있어?

마크:　　　어. 요즘 졸업 에세이 쓰느라고 아주 ＿＿＿＿＿＿＿.

샌디:　　　그래? 언제 끝난대?

마크:　　　다음 주에는 끝난대. 우리 다음 주에 스티브하고 같이 모일까?

샌디:　　　그래. 그거 좋은 생각이다.

D. Listen to the dialogue in C one more time and mark the following statements (T)rue or (F)alse. 🎧

1.　　＿＿＿＿＿　Sandy does not like doing her hair very often.

2. _____ Mark likes Sandy's new hairstyle.

3. _____ Mark did not want his hair too short.

4. _____ Steve is having a good time these days though his semester is rough.

E. Listen to the dialogue and answer the questions in English.

1. Why did Dongsoo have his hair cut?

   _____.

2. What does Dongsoo think about Minji's new hairstyle?

   _____.

3. Where does Dongsoo usually have his haircut?

   _____.

4. Why does Dongsoo go there?

   _____.

5. Where does Minji usually do her hair?

   _____.

F. Based on the model dialogues (a) and (b), interact with your partner, replacing some parts with the given information.

(a)   이발사: 손님, 여기 앉으세요.

               머리 어떻게 깎아 드릴까요?

손님: 조금 다듬어 주세요.

             뒷머리는 짧게 깎고

             앞머리는 조금만 깎아 주세요.

이발사: 옆머리는 어떻게 해 드릴까요?

손님: 조금만 잘라 주세요.

이발사: 네, 알겠습니다.

(b)   미용사: 머리 어떻게 해 드릴까요?

       손님: 좀 다듬고 파마하려고 해요.

       미용사: 어떤 스타일을 원하세요?

       손님: 좀 굵고, 자연스럽게 해 주세요.

1.   A customer wants to have a simple trim.

2.   A customer wants to have a new hairstyle.

3.   A customer wants to have a perm.

4.   A customer wants to have short hair on the sides and back, but long hair
      in the front and on top.

G. Ask your partner the following questions. Take turns in asking.

1.   머리, 얼마나 자주 깎으세요/ 하세요?

2.   머리 깎으러 / 하러 보통 어디 가세요?

3.   왜 거기 가세요?

4.   머리 깎은 지 얼마나 됐어요?

5. 머리 말릴 때 어떻게 말리세요?

6. 머리 감고 나서 뭐를 바르세요?

7. 어떤 헤어 스타일을 좋아하세요?

H. Read the following conversation and answer the questions in Korean.

민지:	어, 마크 씨 파마하셨나 봐요?
마크:	네. 이발하는 게 귀찮아서 파마를 해 버렸어요. 어때요? 괜찮아 보여요? 이상하게 보일까 봐 약간 걱정이 됐는데.
민지:	생각보다 파마한 게 나빠 보이지는 않네요. 하지만 사실은 마크 씨하고 그렇게 많이 어울리지는 않는 것 같아요.
마크:	수진 씨는 마음에 든다고 했는데.
민지:	그래요? 제 생각에는 마크 씨한테는 긴 *생머리가 더 멋있어 보여요.
마크:	긴 생머리는 *지겨워요. 이제는 스타일을 바꿔 볼 때가 된 것 같아요.
민지:	그럼요. 가끔 스타일을 바꿔 보는 것도 좋은 것 같아요. 파마하니까 기분이 어때요?
마크:	잘 모르겠어요. 그냥 괜찮은 것 같기도 하고 좀 *이상한 것 같기도 하고 그래요.
민지:	계속 보니까 좋은 것 같네요. 내일 다시 보면 더 멋있게 보이겠는데요.
마크:	하하하. 그거 나쁘지 않네요.

*생머리 'natural hair', 지겹다 'sick and tired', 이상하다 'strange'

1. 마크는 왜 파마를 했어요?

_____.

2.   마크는 파마를 하면서 왜 걱정을 했어요?

_____.

3.   민지는 마크의 파마 머리를 처음에 어떻게 생각했어요?

_____.

4.   수지는 마크의 파마를 어떻게 생각해요?

_____.

5.   마크는 왜 스타일을 바꾸기로 했어요?

_____.

I. Translate the following sentences.

1.   Susie got so worried about her not being able to return home in time. (Use ~ㄹ까봐)

_____.

2.   What is the best way to please (lit. make them happy) our parents?

_____.

3.   I assume that you must be very tired now, so why don't you take a break for about ten minutes?

_____.

4.   Please wash Susie's hair, feed her lunch, change her clothes, and then put her to sleep.

_____.

5.   Please do not <u>feel sad</u> even though the results of the exam turn out to be bad.

      _____.

6.   After you wash your hair, just put some mousse on it.

      _____.

7.   Where do you usually have your hair done?

      _____.

J. Write about your experience of having your hair done either in America or in Korea, possibly making some comparisons.

_____

_____

_____

_____

_____

_____

_____

K. Describe the process of getting your hair done (haircut) in either a barbershop or a beauty salon. Include the process of cutting, trimming, washing or shampooing, dying, coloring, and any other activities. Include at least four steps. You may draw a picture if you want.

_____

_____

_____

_____

_____

_____

_____

_____

_____

10과 취미 생활　　　　　　　　　　　　[Hobbies]

CONVERSATION 1	시간 있을 때 주로 뭐 하세요?

A. Choose the word that best describes each picture and write it below the corresponding picture.

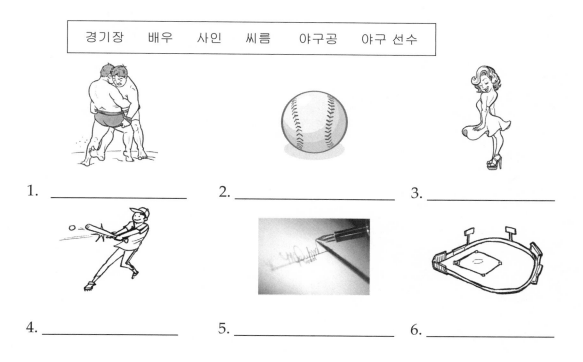

경기장	배우	사인	씨름	야구공	야구 선수

1. _____　　　2. _____　　　3. _____

4. _____　　　5. _____　　　6. _____

B. Match the nouns in the left column with the most semantically related nouns in the right column.

1. 할인　　•　　　　•　직장

2. 일　　　•　　　　•　세일

3. 공짜　　•　　　　•　선수

4. 야구　　•　　　　•　상품

5. 씨름　　•　　　　•　홈런볼

C. Match the following elements in the left column with the verbs in the right column.

1.   상품   •   •   내요

2.   야구공   •   •   풀려요

3.   이름   •   •   잡아요

4.   시간   •   •   타요

5.   스트레스   •   •   불러요

D. Fill in the blanks with the appropriate words from the box.

그러니까   마지막   매달   여가

1.   A: 보통 _____을/를 어떻게 보내세요?

      B: 요리도 배우고 운동도 하고 그래요.

2.   A: 씨름 구경 자주 가세요?

      B: 네, _____ 두 번씩 씨름 구경하러 가요.

3.   영진: 그 여자 가수 콘서트 언제 해?

      소연: 이번 달 _____ 토요일에 콘서트 있어. 왜?

      영진: 너랑 한번 가 보고 싶어서.

4.   수빈: 나 오늘 늦을 거야. _____ 기다리지 말고 먼저 저녁 먹어.

      유진: 알았어.

E. Fill in the blanks as you listen to the following sentences. 🎧

1. _____들은 다양한 취미 생활을 한다.

2. 성희가 요즘 운동을 열심히 해서 _____

3. 선생님께서 수업 시간에 갑자기 제 이름을 _____.

4. 어제 백화점에 갔다가 _____ 가방을 받았어요.

5. 사람들은 취미가 꼭 필요하다. 좋아하는 일을 하면서 스트레스를 풀

   수도 있고, 새로운 것을 _____ 수도 있다.

F. Listen carefully and write the words you hear. After completing the questions, write your answers. 🎧

1. Q: 어떤 _____ 일하고 싶으세요?

    A: _____

2. Q: 콘서트에 _____이 있어요? 어땠어요?

    A: _____

3. Q: 공짜로 _____ 봤어요? 어떤 거요? 언제요?

    A: _____

4. Q: 운동 _____ 누구를 제일 좋아하세요? 왜요?

    A: _____

G. Conjugate the following verbs using the provided patterns.

Dictionary form	~었/았어요	~었/았다가
구경가다	구경갔어요	
들르다		
돌리다		
운동하다		운동했다가
깨다		
춥다	추웠어요	
아프다		아팠다가

H. Fill in the blanks with the appropriate words from the G section above. Conjugate them using the ~었/았다(가) form.

1.   박 선생님 연구실에 _____ 민수 씨를 만났어요.

2.   농구 경기 중간에 채널을 _____ 형한테 혼났어.

3.   주말에 야구 경기 _____ 홈런볼을 잡았어요.

4.   아침 이른 시간에 _____ 다시 잠이 들었어요.

5.   몇 주 동안 날씨가 계속 _____ 오늘부터 따뜻해졌어요.

I. Complete the following sentences using ~다가 or ~었/았다가.

1.   기숙사에서 계속 (to live) _____ 얼마 전에 아파트로 이사했어요.

2.   성희가 집에서 머리를 (to cut)_____ 손을 다쳤어요.

3.   어제 미용실에 (to go) _____너무 손님이 많아서 그냥

돌아왔어요.

4.   낮잠을 (to sleep) _____ 음악 소리 때문에 깼어요.

5.   친구하고 같이 저녁을 먹으려고 식당에 (to reserve) _____

갑자기 일이 있어서 못 가게 되었어요.

J. Describe the changes shown in the pictures using the ~었/았다(가) form as in 1.

1.   날씨가 <u>더웠다 추웠다</u> 해요.

2.   의자에서 _____ 하세요.

3.   문을 _____ 하지 마세요.

4.   책을 _____ 그래요.

5.   옷을 _____ 그래요.

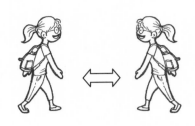

6.   거리를 _____ 해요.

7.   차가 _____ 해요.

K. Answer the following questions using ~었/았다(가) as in 1.

1.   지금 뭐 하고 있어요?   <u>시장에 갔다 오는 길이에요</u>.

2.   오늘 기분 좋은 일 있었어요?   _____

3.   왜 오늘 도서관에 안 왔어요?   _____

4.   어제 제니를 어떻게 만났어요?   _____

5.   왜 머리 스타일을 바꿨어요?   _____

L. Express your opinion based on your past experience using the ~더라고(요) form as in 1.

1.   A: 새로 나온 컴퓨터 어떤 것 같아요?

      B: <u>아주 빠르고 쓰기 편하더라고요.</u>

2.   A: 스트레스 쌓일 때 어떻게 하는 게 제일 좋아요?

      B: _____.

3.   A: 괜찮은 한국 식당 아세요?

      B: _____.

4.   A: 유미 씨 생일 선물로 뭐가 좋을까요? 유미 씨가 뭘 좋아하는지 잘
            모르겠어요.

      B: _____.

5.   A: 날씬해지고 싶은데 어떤 다이어트가 좋아요?

      B: _____.

M. Translate the following sentences.

   1.   I was on my way to school, but I returned home because I did not
         feel well.

         [~다가]_____

   2.   I went to a baseball game last weekend and (accidentally) met a famous
         actor.

         [~었/았다가]_____

   3.   Please stop by the supermarket and then come home.

         [~었/았다가]_____

   4.   (I noticed that) Korean people like to eat spicy food.

         [~더라고]_____

   5.   (I noticed that) it is not easy for my friends to make time because of their
         work.

         [~더라고]_____

N. Listen to the description of each person's hobby, and write the name of the person below the picture that best fits the description. 🎧

1. _____

2. _____

3. _____

4. _____

5. _____

6. _____

O. Listen to the questions and write your answers. 🎧

1. _____

2. _____

3. [~었/았다가]_____

4. [~더라고요]_____

5. [~더라고요]_____

CONVERSATION 2	어떤 프로그램을 자주 보니?

A. Choose the word that best describes each picture and write it below the corresponding picture.

동호회   모기   월급   채널   티비   학점

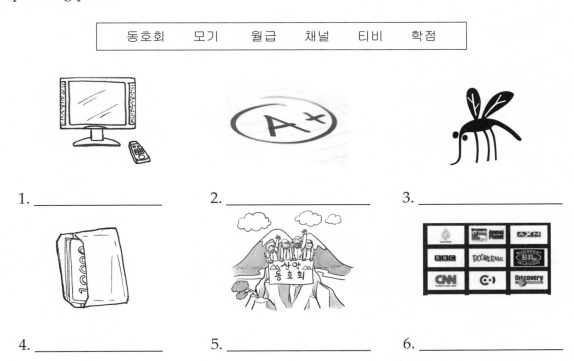

1. _____   2. _____   3. _____

4. _____   5. _____   6. _____

B. Choose the word that best describes each picture and write it below the corresponding picture.

(밤을) 새우다   쓰러지다   출근하다   커다랗다

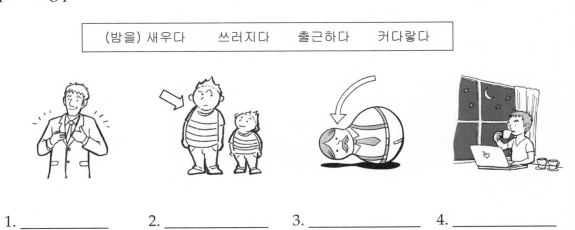

1. _____   2. _____   3. _____   4. _____

C. Choose the words from the box for the following definitions.

```
감상    개    동호회    퇴근    출근
```

1.   그 아이:

2.   직장에 일하러 나가는 것:

3.   직장에서 일을 끝내고 집으로 돌아오는 것:

4.   영화나 음악을 즐기는 것:

5.   취미가 같은 사람들의 클럽:

D. Match the elements in the left column with the related nouns in the right column.

1.	취미	•	•	동호회
2.	음악	•	•	프로
3.	인터넷	•	•	생활
4.	출근	•	•	감상
5.	예능	•	•	시간

E. Match the elements in the left column with the related verbs in the right column.

1.	채널	•	•	얻어요.
2.	라디오	•	•	풀려요.
3.	시간	•	•	틀어요.
4.	정보	•	•	돌려요.
5.	스트레스	•	•	겹쳐요.

F. Fill in the blanks with the appropriate words from the box.

(이)랑	아무리	언제나	점점	하나도

1. A: 피곤하지 않아?

   B: 아니, 커피를 두 잔이나 마셔서 ＿＿＿＿＿＿＿ 안 피곤해.

2. 영진: 오늘 어머니 생신이지? 선물 샀어?

   소연: 꽃 ＿＿＿＿＿＿＿ 케이크 준비했어.

   영진: 어머니께서 좋아하시겠다.

3. A: 새로 시작한 예능 프로 어때?

   B: 처음에는 재미없었는데 ＿＿＿＿＿＿＿ 재미있어지고 있어.

4. A: 시험 잘 봤어요?

   B: ＿＿＿＿＿＿＿ 공부해도 점수가 잘 안 나오네요.

G. Listen carefully and write the words you hear. 🎧

영진: 아, (1)＿＿＿＿＿＿＿＿＿. 소연아, 라디오 좀 (2)＿＿＿＿＿＿＿＿＿？

소연: 응, 그래. 근데 어젯밤에 잠을 못 잤니?

영진: 응, 할 일이 좀 많아서 (3)＿＿＿＿＿＿＿＿＿.

   소연아, 음악 채널로 좀 (4)＿＿＿＿＿＿＿＿＿.

소연: 알았어.

영진: 고마워. 이제 좀 잠이 (5) ＿＿＿＿＿＿＿＿＿.

H. Listen to the questions and write your answers. 🎧

1. _____

2. _____

3. _____

4. _____

I. Conjugate the following words using the provided patterns.

Dictionary form	~어/아요	~어/아(서) 죽겠다
피곤하다		
졸리다		
시끄럽다		시끄러워 죽겠다
아프다	아파요	
바쁘다		

J. Fill in the blanks with the appropriate words from section I above and conjugate them using the ~어/아(서) 죽겠어요 form.

1.   오늘 등산 갔다가 넘어져서 다리가 _____.

2.   어제 밤 늦게까지 일하느라 잠을 못 자서 지금 _____.

3.   내일 시험이 3 개나 있어서 지금 _____는데

       친구들한테서 전화가 계속 와요.

4.   룸메이트가 음악 소리를 너무 크게 틀어서 머리가 _____.

K. Describe the following situations using the ~어/아 죽겠다 form as in 1.

1. <u>좋아 죽겠어요.</u>

2. _____

3. _____

4. _____

5. _____

6. _____

L. Complete the following sentences using the ~어/아 죽겠다 form.

1. 요즘 GRE 를 공부하는데 _____.

2. 고추장을 비빔밥에 너무 많이 넣어서 비빔밥이 _____.

3. 친구가 하루에 열 번씩 전화를 해서 정말 _____.

4. 소연 씨 남자 친구가 누군지 너무 _____.

5. 지금 저녁 먹으러 가요. 오늘 아침도 점심도 못 먹었더니

    지금_____.

M. Complete the sentences using the ~기도 하다 form as in 1.

    1.   시간 있을 때는 다양한 일을 해요. 여행도 하고 <u>등산을 가기도 해요.</u>

    2.   한국에서는 결혼 선물로 _____.

    3.   너무 바쁠 때는 _____.

    4.   스트레스가 많이 쌓이면 _____.

    5.   너무 졸릴 때는 _____.

    6.   한국에서는 퇴근 후에 사람들이 _____.

N. Circle the correct forms in parentheses.

    1.   주말에는 등산을 (가, 가는, 갈)기도 하고 친구도 만나고 그래요.

    2.   인터넷에서 새로운 정보를 (얻는, 얻은, 얻을) 수 있어서 좋아요.

    3.   핸드폰 벨 소리 때문에 잠 자는 아기를 (깨, 깨어, 깨워) 버렸어요.

    4.   심심한데 라디오 좀 (켜, 켜서, 켜는) 줄래.

    5.   저는 주로 운동을 하면서 스트레스를 (풀려, 풀어)요.

O. Describe the following events using the ~어/아 버리다 form as in 1.

    1.   잠이 <u>들어 버렸어요.</u>

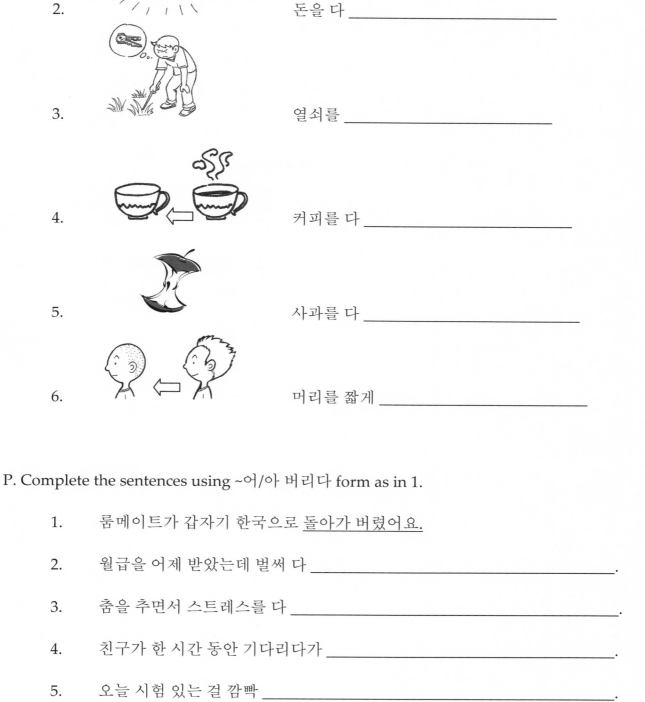

2.   돈을 다 _____

3.   열쇠를 _____

4.   커피를 다 _____

5.   사과를 다 _____

6.   머리를 짧게 _____

P. Complete the sentences using ~어/아 버리다 form as in 1.

1.   룸메이트가 갑자기 한국으로 <u>돌아가 버렸어요.</u>

2.   월급을 어제 받았는데 벌써 다 _____.

3.   춤을 추면서 스트레스를 다 _____.

4.   친구가 한 시간 동안 기다리다가 _____.

5.   오늘 시험 있는 걸 깜빡 _____.

6.   지하철 안에서 지갑을 _____.

Q. Translate the following sentences using ~기도 하다 or ~어/아 버리다.

1.   I occasionally watch television, listen to music, or play basketball.

_____

2.   After work, people sometimes take cooking or foreign language classes.

_____

3.   Occasionally, the soccer games and the music programs overlap on television.

_____

4.   Minsoo totally forgot that we were supposed to meet last night.

_____

5.   After the movie ended, everyone at the party took off.

_____

6.   I went to my favorite singer's concert and relieved all of my stress.

_____

WRAP-UP ACTIVITIES

A. Listen to the following narration and fill in the blanks. 🎧

_____들은 다양한 _____을 한다. 어떤 사람들은 _____를 하고 어떤 사람들은 음악 _____ 영화 감상을 한다. 사진 _____ 좋아하는 사람도 있고 등산을 열심히 하는 사람도 있다. _____에 다니는 사람들은 _____ 요리나 외국어 등을 배우기도 한다. 인터넷 동호회에서 정보를 _____ 새로운 것을 _____ 수도 있다. 현대 생활은 바쁘지만 _____ 좋아하는 일을 하는 것이 중요하다.

B. Listen to the dialogue and mark the statements with (T)rue or (F)alse. 🎧

1. _____ Yoojin and Soyeon have the same hobby.

2. _____ Soyeon prefers to watch movies at home.

3. _____ Yoojin likes to read books and do exercises.

4. _____ Yoojin likes baseball.

5. _____ Soyeon went to see a baseball game with Yoojin last week.

6. _____ Yoojin took pictures with the baseball players last week.

C. Fill in the blanks with the appropriate words from the box. Conjugate them accordingly.

| 겹치다 | 깨다 | 돌리다 | 보다 | 싸우다 | 졸리다 | 틀다 |

영진: 아, _____ 죽겠다.

소연아, 라디오 좀 _____ 줄래?

소연: 응, 그래. 마침 내가 좋아하는 노래가 나오네.

영진: 이제 잠이 좀 _____ 것 같다.

소연: 근데, 요새 텔레비전 보니까 가수들을 하나도 모르겠더라.

영진: 텔레비전 많이 봐? 어떤 프로그램을 자주 보니?

소연: 주로 뉴스를 보는데 가끔 음악 프로를 _____기도 해.

너는?

영진: 난 드라마하고 예능 프로를 좋아해.

근데, 어제는 텔레비전 때문에 동생하고 싸웠어.

소연: 왜?

영진: 걔는 스포츠를 좋아하는데 꼭 시간이 _____거든.

어제는 내가 축구 경기 중간에 채널을 _____ 버렸어.

소연: _____지 말고 인터넷으로 봐.

영진: 그래, 그래야지.

D. Interview your classmates and family members about their hobbies and recreational activities and report them in class.

이름	오락	취미

E. Answer the following questions and share your experience with your classmates.

1.　　보통 언제 스트레스를 받으세요?

　　　_____

2.　　스트레스가 쌓일 때 어떻게 푸세요?

　　　_____

3.　　스트레스를 받지 않으려면 어떻게 하는 게 좋을까요?

　　　_____

4.　　현대인들이 왜 스트레스를 많이 받는다고 생각하세요?

　　　_____

F. Translate the following sentences.

    1.   My family members have various hobbies.

                _____

    2.   My mother likes to read books, and my father enjoys music.

                _____

    3.   My father likes to make time to (occasionally) travel to foreign countries with my mother. (~기도 하다)

                _____

    4.   People who work together like to gather after work for a meal.

                _____

    5.   (I noticed that) nowadays people get information and meet other people through the Internet.

                _____

    6.   Hobbies are important for people since they can learn and experience new things.

                _____

G. Read the following passage, and answer the following questions in Korean.

> 요즘 사람들은 모두 바쁘다. 이른 새벽부터 밤늦게까지 일하는 사람도 있고 할 일이 많아서 쉬지 못하는 사람도 있다. 집에 오면 피곤해서 그냥 쓰러져 자는 사람도 있다. 그렇지만 아무리 바빠도 자기가 좋아하는 일을 하는 것이

중요하다. 좋아하는 일을 하고 나면 스트레스가 풀리고 기분이 더 상쾌해지기 때문이다.

　취미 생활로 어떤 사람들은 독서를 하고 어떤 사람들은 음악 감상이나 영화 감상을 한다. 꽃을 *기르는 것을 좋아하는 사람도 있고 우표를 열심히 *모으는 사람도 있다. 시간을 내어 운동을 하거나 바다나 강으로 *낚시를 가는 사람도 있다. 직장에 다니는 사람들은 퇴근 후에 *동료들과 노래방에도 가고 주말이면 같이 등산도 다닌다.

　취미 생활을 하면서 스트레스를 풀 수도 있고 새로운 사람들을 사귈 수도 있다. 언제나 바쁜 현대인들에게는 *간단한 취미 생활이라도 커다란 도움이 될 수 있다.

*기르다 'to grow'; 모으다 'to collect'; 낚시 'fishing'; 동료 'colleague'; 간단한 'simple'

1. 첫 줄의 '요즘 사람들'과 같은 뜻을 가진 단어를 이 글 속에서 찾아 보세요.

　_____

2. 취미 생활이 사람들에게 왜 필요합니까?

　_____

3. 요즘 사람들이 즐기는 취미 생활에는 어떤 것들이 있습니까?

　_____

4. 바다나 강에서 즐길 수 있는 취미 생활에는 뭐가 있습니까?

　_____

5. 직장 동료들은 퇴근 후에 어떤 여가 생활을 즐깁니까?

　_____

H. Write a description of your hobbies, including at least two things (what kinds of hobbies you enjoy, why you like them, when you started them, how often you can do them, why they are important in your life, and so on).

CONVERSATION 1	새해 복 많이 받으세요.

A. Choose the word that best describes each picture and write it below the corresponding picture.

그릇　떡국　세배　윷놀이　입시　차례

1. ＿＿＿＿＿＿＿＿＿　　2. ＿＿＿＿＿＿＿＿＿　　3. ＿＿＿＿＿＿＿＿＿

4. ＿＿＿＿＿＿＿＿＿　　5. ＿＿＿＿＿＿＿＿＿　　6. ＿＿＿＿＿＿＿＿＿

B. Choose the word that best describes each picture and write it below the corresponding picture.

놀이공원　민속촌　복　설날　세뱃돈　표정

1. ＿＿＿＿＿＿＿＿＿　　2. ＿＿＿＿＿＿＿＿＿　　3. ＿＿＿＿＿＿＿＿＿

4. _____   5. _____   6. _____

C. Match the elements in the left column with the verbs in the right column.

1.   세배   •   •   끓여요.

2.   차례   •   •   뵈어요.

3.   떡국   •   •   원해요.

4.   친척   •   •   드려요.

5.   세뱃돈   •   •   지내요.

D. Write a short definition of each word as in 1.

1.   명절: <u>설날, 추석 등을 명절이라고 해요.</u>

2.   설날: _____.

3.   세배: _____.

4.   차례: _____.

5.   친척: _____

5. _____   6. _____

M. Circle the correct forms in parentheses.

1.   구름이 많이 끼었어요. 비가 (오겠어요, 오나 봐요, 오는가 봐요).

2.   어제가 설날(인가, 이었나, 였나) 봐요.

3.   스티브 씨가 이번에 전부 A 를 받았어요. 머리가 많이 (좋은가, 좋았나) 봐요.

4.   A: 설날에는 차례를 지내고 나서 보통 윷놀이를 하면서 가족들과 시간을

               보내요.

        B: 윷놀이가 아주 재미(있나, 있는가, 있었는가, 있었나)봐요.

N. Guess what happened to each person using the ~나 보다 form. In addition, guess how each person feels using ~(으)ㄴ가 보다 form as in 1.

1.   <u>감기에 걸렸나 봐요.</u>   2.   _____

    <u>많이 아픈가 봐요.</u>   _____

3. _____

    _____

4. _____

    _____

O. Based on the following cues, guess the situation as in 1.

1.   마크 씨가 요즘 바쁘대요.

      <u>좋은 직장에 들어가려고 열심히 준비하고 있나 봐요.</u>

2.   유진 씨가 또 머리 스타일을 바꿨어요.

      _____.

3.   성희 씨가 요즘 표정이 많이 밝아졌어요.

      _____.

4.   미나가 대학에 합격했대요.

      _____.

5.   유미 씨가 차 사고가 나서 병원에 있대요.

      _____.

P. Answer the following questions using the given forms as in 1.

1.   한국 영화 "태극기 휘날리며" 어땠어요?
      <u>재미있기는 했</u>는데 <u>영화가 좀 길었어요.</u>

2.   설날에 세뱃돈 받았어요?

      _____기는 _____는데 _____.

3.   놀이 공원에 가 본 적 있어요?

      _____기는 _____는데 _____.

4.   비빔밥 제대로 만들 줄 아세요?

      _____기는 _____는데 _____.

5.   연휴 동안 잘 쉬었어요?

      _____기는 _____는데 _____.

6.   지금 다니는 직장이 어때요?

      _____기는 _____는데 _____.

7.   친구 표정이 어땠어요?

      _____기는 _____는데 _____.

Q. Listen to the questions and write your answers. 🎧

1.   _____

2.   _____

3.   _____

4. _____

5. _____

CONVERSATION 2 | 송편 먹어 본 적 있어요?

A. Choose the word that best describes each picture and write it below the corresponding picture.

| 떡   반달   송편   어린이   추석   추수 |

1. _____

2. _____

3. _____

4. _____

5. _____

6. _____

B. Choose the corresponding holidays from the box and write it next to the customs.

1. 세배: _____

2. 송편: _____

3. 떡국: _____

4. 차례: _____

5. 추수: _____

| 설   추석 |

C. Write a short definition of each word as in 1.

1.   송편은 <u>추석 때 먹는 떡인데 반달 같이 생겼어요</u>.

2.   배우는 _____.

3.   전문은 _____.

4.   조상은 _____.

5.   연휴는 _____.

6.   소식은 _____.

D. Match the elements in the left column with the words in the right column. Also fill in the blanks in the left column with an appropriate particle as in 1.

1.	시험<u>에</u>	•	• 한산해요
2.	도시_____	•	• 합격해요
3.	음식_____	•	• 구경해요
4.	거리_____	•	• 차려요
5.	행사_____	•	• 해요
6.	영업_____	•	• 벗어나요

E. Fill in the blanks with the appropriate words from the box.

| 꽉 | 대부분 | 아무 | 절대 | 처럼 |

1. A: 송편이 어떤 떡이에요?

    B: 반달_____ 생긴 떡이 송편이에요.

2. A: 내일 몇 시에 박물관에 갈까요?

    B: 저는 _____ 때나 괜찮아요.

3. 운전할 때는 _____ 전화하지 마세요.

4. 오랜만에 영화를 보러 온 사람들로 극장 안이 _____ 찼다.

5. 명절 연휴 동안 전국에 문을 여는 가게들은 별로 없다. _____의

    가게들은 문을 닫는다.

F. Fill in the blanks as you listen to the following conversation.

1. 명절에는 보통 음식을 많이 _____ 가족들과 같이 먹어요.

2. 저희 학교 근처에 비빔밥 _____ 식당에 가 봤어요?

3. 오후에는 _____ 때나 괜찮아.

4. _____에는 _____을 안 하는 가게들이 많아요.

    그래서 거리가 _____ 않아요.

G. Describe the customs of Korean Thanksgiving in detail using words from the box.

| 떡   송편   연휴   조상   차례   추수 |

_____

_____

_____

_____

_____

_____

H. Answer the following questions using the ~거나 or ~(이)나 form as in 1.

1.   A: 시간 있을 때 주로 뭐 하세요?

      B: 집에서 영화 보거나 책을 읽어요.

2.   A: 스트레스가 많이 쌓이면 어떻게 하세요?

      B: _____.

3.   A: 명절 때 보통 뭐 하세요?

      B: _____.

4.   A: 한국에서는 설날에 어떤 음식을 먹어요?

      B: _____.

5.   A: 언제 제일 기뻐요?

      B: _____.

6.   A: 극장에 가게 되면 보통 어떤 영화를 보세요?

      B: _____.

I. Describe what each person likes to do on the weekends using ~거나 or ~(이)나 as in 1.

1. <u>친구들하고 같이 축구를 하거나</u>
    <u>농구를 하면서 주말을 보내요.</u>

2. _____
    _____

3. _____
    _____

4. _____
    _____

5. _____
    _____

J. Complete the following table.

Dictionary form	Plain speech style	Hearsay form
친절하다		친절하대요
웃기다		웃기대요
생기다	생긴다	

Dictionary form	Plain speech style	Hearsay form
잡다		
(이름을) 부르다	부른다	
원하다		원한대요
떠들다		
추석이다	추석이다	

K. Complete the following sentences using the hearsay form ~대요/래요 as in 1.

1.   저는 명절 중에 설날이 제일 좋아요.

      민수는 <u>명절 중에서 설날이 제일 좋대요.</u>

2.   저는 요즘 퇴근 후에 요리를 배우러 다녀요.

      린다 씨가 _____.

3.   우리 어머니께서는 제 생일날에 미역국을 꼭 끓이세요.

      수지 어머니께서도 _____.

4.   명절 연휴를 앞두고 마트가 많이 붐비네요.

      백화점도 _____.

5.   저는 추석에 가족들과 민속촌에 갈 거예요.

      린다는 _____.

6.   제가 대학 시험에 합격했어요.

      마이클이 _____.

L. Answer the following questions using the ~대요/래요 form.

1.   유진 씨 취미가 뭐예요?

_____.

2.   설날에 왜 떡국을 먹어요?

_____.

3.   한국에서는 왜 설날에 차례를 지내요?

_____.

4.   명절 때는 고속도로가 왜 많이 막혀요?

_____.

5.   한국에서도 미용실이나 이발소에 가면 팁을 내요?

_____.

6.   명절에 식당들이 영업을 해요?

_____.

M. Complete the dialogues using noun + (이)라면 form.

1.   A: 나는 법대를 가고 싶은데, 아버지가 의대를 가라고 하셔서 어떻게

해야 할지 모르겠어. 네가 _____ 어떻게 할래?

B: 내가 _____ 내가 가고 싶은 데로 갈거야.

2.   A: 유진씨, 내일 아침에 박물관에 갈래요?

B: 아침에는 일이 좀 있고요, _____ 괜찮은데요.

3.   A: 누가 유진 씨 전화 번호를 알까요?

      B: 김 선생님_____ 알 거예요.

4.   A: 마크 씨, 저하고 같이 이번 주에 부산에 같이 내려갈래요?

      B: 네, 좋아요. 근데 월요일에는 시간이 안 되고 _____

            시간을 낼 수 있어요.

      A: 네, 그럼 그때 가요.

N. Create sentences using noun + (이)라면 form.

1.   내가 _____(이)라면 _____

      _____.

2.   _____

      _____.

3.   _____

      _____.

4.   _____

      _____.

5.   _____

      or   _____.

O. Translate the following sentences using the patterns learned in this lesson.

1. I guess Mark got a haircut because of the graduation ceremony.

    _____.

2. It looks like your younger brother passed the college entrance exam.

    _____.

3. I did try playing 윷놀이, but I am not yet good at it.

    _____.

4. I did visit the Korean Folk Village, but I don't remember much.

    _____.

5. They say Korean families usually make 송편 or play 윷 on Korean Thanksgiving Day.

    _____.

6. The highway does get congested with cars on holidays, but people are usually very happy to visit their hometowns.

    _____.

7. The long weekend quickly passed. It would be nice if today were Sunday.

    _____.

P. Listen to the dialogue and answer the following questions in English. 🎧

1. What are Soyeon's plans for Thanksgiving?

    _____.

2.   How did Susie describe 송편?

_____.

3.   What is the common story Koreans believe about 송편?

_____.

4.   Why does Susie want to visit Soyeon's house on Thanksgiving?

_____.

WRAP-UP ACTIVITIES

A. Listen to the following narration and fill in the blanks. 🎧

명절이 되면 _____ 고속도로는 가족들을 만나기 위해 고향으로 가는 차들로

붐빈다. 고속도로는 차들로 붐비지만 고향으로 떠나는 사람들의 _____은

무척 _____. 오랜만에 뵐 부모님과 _____들을 위해서 여러가지

선물도 준비한다. 도시를 벗어나서 가족들과 즐거운 시간을 보낸다. 많은 사람들이

떠나 버린 서울 거리는 _____. 대부분의 가게들은 _____ 동안 문을

닫는다. 그러나 박물관이나 놀이 공원은 연휴 동안 여러 가지 _____를 한다.

극장도 오랜만에 시간을 내서 영화를 보러 오는 사람들로 _____.

B. Listen to the following dialogue and mark the statements with (T)rue or (F)alse. 🎧

1. _____ Steve and Soyeon just came back from the market.

2. _____ The market is busy because tomorrow is Thanksgiving Day.

3. _____ Steve has tried 송편 before.

4. _____ Steve will visit Soyeon's place tomorrow for lunch.

5. _____ Soyeon's mother invited Steve to spend the holiday together.

C. Fill in the blanks with the appropriate words and conjugate them accordingly.

| 많다 | 끓이다 | 먹어 보다 | 보다 | 지내다 | 좋아하다 |

마크: 수빈 씨, 떡국이 정말 맛있어요.

수빈: 한국 음식을 (1)_____나 봐요.

마크: 네, 떡국은 처음인데 너무 맛있어서 두 그릇이나 먹었어요.

수빈: 집에 또 놀러 오세요. 떡국 (2)_____ 드릴게요.

수빈: 마크 씨, 윷놀이 할 줄 알아요?

마크: 텔레비전에서 (3)_____기는_____는데

못 해 봤어요.

수빈: 그럼, 오늘 같이 한번 해 봐요.

마크: 수빈 씨는 설날에 보통 뭘 해요?

수빈: 아침에 차례를 (4) _____거나 친척들을 뵈러 가기도 해요.

마크: 그런데, 차례는 왜 지내요?

수빈: 조상들께 추수를 감사 드리는 거예요. 그런데 요즘은 차례를 안 지내는

집이 (5)_____대요.

마크: 아, 그래요?

수빈: 스티브 씨, 송편 (6)_____적 있어요?

마크: 먹어 본 것 같아요.

D. Interview three of your classmates about their favorite holidays (holiday customs, food, and activities).

	이름	명절	명절 음식	놀이 문화
1				
2				
3				

E. Ask your classmates the following questions and write their answers using ~거나 or ~(이)나.

1. 보통 언제 스트레스를 받으세요?

    _____.

2. 스트레스가 쌓일 때 어떻게 푸세요?

    _____.

3. 스트레스를 받지 않으려면 어떻게 하는 게 좋을까요?

    _____.

4. 현대인들이 왜 스트레스를 많이 받는다고 생각하세요?

    _____.

F. Translate the following sentences.

1. If I were you, I would visit the all the museums while staying in New York.

    _____.

2.   I heard you need to have a lot of experience in order to get a job at the company.

_____.

3.   Steve did go to the Folk Village, but he did not get a chance to make the rice cake.

_____.

4.   I did receive 세뱃돈 from my parents, but I lent it to my older brother.

_____.

5.   After many people leave for their hometowns to visit their families, the streets of Seoul become deserted.

_____.

6.   Happy New Year! Dad and Mom, stay healthy this year, too.

_____.

G. Read the following passage and answer the questions in Korean.

추석을 하루 앞 둔 오늘 전국의 고속도로는 고향으로 가는 차들로 붐볐다. 복잡한 교통을 피하기 위해서 새벽 2시부터 서둘러 고향으로 떠난 차들도 있었다. 서울에서 고향으로 내려가는 차들은 많았지만 서울로 올라오는 차들은 적었다. 고향으로 떠나는 사람들의 표정은 무척 밝아 보였다. 추석 명절에는 부모님, 친척 분들, 그리고 고마운 분들에게 선물을 많이 한다. 추석이 가까워지면 백화점이나 마켓에서 여러 가지 추석 선물세트를 *판매한다. 선물 세트에는 과일, 고기, 술, *건강식품 등이 있다.

많은 사람들이 떠나 버린 서울 거리는 한산했다. 대부분의 가게들은 올해도 추석 연휴 동안 문을 닫을 것이다. 그러나 박물관이나 어린이 놀이 공원은 연휴 동안 여러 가지 행사를 준비하고 있다. 특히 국립 박물관은 누구든지 한복을 입고 오는 *입장객들에게는 *입장료를 받지 않는다고 한다.

* 국립 'national'; 건강식품 'health food'; 판매하다 'to sell'; 입장객들 'visitors to public spaces'; 입장료 'an admission fee'

1. 첫 줄의 '붐볐다'와 반대('opposite')의 뜻을 가진 단어를 이 글 속에서 찾아 보세요.

   _____.

2. 사람들이 왜 일찍부터 서둘러 고향에 내려갑니까?

   _____.

3. 고향을 떠나는 사람들은 왜 표정이 밝을까요?

   _____.

4. 추석에 보통 어떤 선물을 합니까?

   _____.

5. 추석 연휴 동안 문을 여는 곳은 어디입니까?

   _____.

6. 추석 연휴 동안 박물관에 돈을 내지 않고 들어가려면 어떻게 해야 합니까?

   _____.

H. Write a description of your favorite holiday (the activities, customs, food, meaning, and more).

12과 병원과 약국　　[Hospitals and Drugstores]

CONVERSATION 1	어디가 불편하세요?

A. Choose the word that best describes each picture and write it below the corresponding picture.

기침　목　병원　약　약국　약사

1. _____　　2. _____　　3. _____

4. _____　　5. _____　　6. _____

B. Complete the table below.

Cardinal numbers	Native Korean	Cardinal numbers	Native Korean
1 day		5 days	
2 days		10 days	
3 days	사흘	15 days	
4 days			

C. Fill in the blanks with the appropriate words from the box below. Use each word only once.

기침	독감	병	소화	열
이틀	증상	진찰	처방	휴식

지난 주에 몸이 별로 안 좋았다. 밥을 먹고 나면 _____도 잘 안 되고 _____도 너무 많이 하고 _____도 너무 높았다. _____이 난 것 같아 병원에 가서 의사 선생님을 만나 _____을 다 말씀 드렸다. 의사 선생님이 _____을 하시고 나서 요즘 유행하는 _____이라고 하셨다. 그리고 _____ 치 약을 _____해 주셨다. 또 많은 _____이 필요하다고 말씀하셨다. 이번 주말에는 좀 푹 쉬어야겠다.

D. Fill in the blanks with the appropriate words from the box below. Use each word only once.

꺼내다	불편하다	상하다	심하다	지키다	휴식하다

1.   건강을 _____기 위해서는 _____ 게 중요합니다.

2.   어제 노래방에 가서 목이 _____ 정도로 노래를 열심히 불렀어.

3.   박 교수님께서 _____ 독감에 걸리셔서 오늘 수업을 못 하신대요.

4.   가방에 샌드위치 있으니까 배고프면 _____서 먹어.

5.   할머니께서 요즘 몸이 많이 _____가 봐.

E. Fill in the blanks with the appropriate particles and counters from the box below.

부터	에	을/를	이/가
번	씩	알	치

1. 감기_____ 걸려서 열_____ 좀 나요.

2. 이 약은 식후_____ 두 _____ _____ 하루_____ 세_____

   드세요.

3. 어디_____ 불편하세요?

4. 3 일 전_____ 기침_____ 많이 하기 시작했어요.

5. 사과가 한 개_____ 1500 원이에요.

6. 이틀 _____ 약을 받아 왔어요.

7. 다음부터는 시간_____ 꼭 지켜 주세요.

F. Complete the following table.

Dictionary form	A.S.~(으)ㄴ가요?/ V.S.~나요?	A.S. ~었/았나요? V.S. ~었/았나요?
깨우다		
끄다		
더럽다		
모자라다		
밝다		

Dictionary form	A.S.~(으)ㄴ가요?/ V.S.~나요?	A.S. ~었/았나요? V.S. ~었/았나요?
벌다		
지키다		
고르다		
심하다		
처방하다		
독감이다		

G. Complete the following dialogues using the A.S.~(으)ㄴ가요/ V.S.~나요? Forms.

1.　A:　스티브가 심한 독감에 걸려서 사흘 동안 학교에 못 오고 있어요.

　　B:　그래요? 독감이 그렇게 ＿＿＿＿＿＿＿＿＿＿＿＿？

2.　A:　마크가 피아노를 그렇게 잘 ＿＿＿＿＿＿＿＿＿？

　　B:　네, 한 번 들어 봤는데 정말 잘 쳐요.

3.　A:　저 사람이 민지 ＿＿＿＿＿＿＿＿＿＿＿？

　　B:　아니요, 저 사람은 민지 남자 친구가 아니라 그냥 친구예요.

4.　A:　소피아가 머리를 아주 짧게 잘랐어요.

　　B:　그래요? 언제 ＿＿＿＿＿＿＿＿＿＿？

5.　A:　기침을 하던데 감기에 ＿＿＿＿＿＿＿＿＿？

　　B:　네, 어제부터 몸이 안 좋았어요.

H. Complete the following short dialogues with the appropriate words from the box using the A.S.~(으)ㄴ가요/V.S.~나요? foms.

| 불편하다 | 잊어버리다 | 자연스럽다 | 지키다 | 한산하다 |

1. A: 그 식당은 지금쯤이면 좀 _____?

   B: 네. 이 시간에는 사람이 별로 없을 거예요.

2. A: 단어를 그렇게 많이 외우면 금방 _____?

   B: 네, 그래도 기억 나는 것도 많아요.

3. A: 출근 시간에 지하철 타면 많이 붐비는데 _____?

   B: 그래도 차가 막히는 것보다는 지하철이 좋아요.

4. A: 마크 씨가 보통 시간을 잘 _____?

   B: 그럼요. 약속에 절대 늦지 않아요.

5. A: 어떻게 하면 머리가 더 _____?

   B: 무스랑 헤어젤을 따로 발라 보세요.

I. Listen to the questions and provide your own responses. 🎧

1. _____.

2. _____.

3. 네, _____.

4. _____.

5.   아니요, _____.

6.   _____.

J. Complete the following sentences using ~(으)ㄹ 걸 그랬어요.

1.   식당에 사람이 이렇게 많을 줄 알았으면 _____.

2.   시험이 이렇게 어려울 줄 알았으면 _____.

3.   차가 막힐 줄 알았으면 _____.

4.   오늘 비가 올 줄 알았으면 _____.

5.   오늘 갑자기 손님이 올 줄 알았으면 _____.

K. Express your regret using ~(으)ㄹ 걸 그랬어요 for the following situations.

1.   식당에 자리가 하나도 없대요.

      → _____.

2.   소화가 잘 안 돼요.

      → _____.

3.   늦어서 예약한 기차를 못 탔어요.

      → _____.

4.   테니스 시합에서 졌어요.

      → _____.

2. 보통 스트레스 때문에 병이 _____. 그래서, 병에 안 걸리려면

   스트레스를 _____는 것이 중요하다.

3. 독감이 심했는데 이제는 다 _____.

4. 스티브는 어제 나무(tree)에서 _____서 팔을 좀 다쳤다.

F. Fill in the blanks with the appropriate words from the box below.

거의	관계	따로	이상	지속적으로

1. 몸이 좀 아파서 병원에 갔는데 특별한 _____은 없대요.

2. 일이 너무 많았지만 이제 _____ 다 끝났어요.

3. 이 약들은 같이 먹어도 되나요, 아니면 _____ 먹어야 되나요?

4. 치료를 되도록 쉬지 않고 _____ 받으셔야 빨리 좋아집니다.

5. 그 사고는 이번 사고와는 아무 _____가 없어요.

G. Change the following sentences using the expression ~는 소식/소문/뉴스/말/얘기 as
in 1.

1. "영진 씨가 팔을 다쳤어요."

   → 영진 씨가 팔을 다쳤다는 소리

2. "지난 주에 학교 근처에서 큰 자동차 사고가 났어요."

   → _____

3.   "약국들이 연휴 동안 문을 닫을 거예요."

→ _____

4.   "영미가 이틀 전에 입원했어요."

→ _____

5.   "동수가 지난 주에 영미 문병 갔다왔어요."

→ _____

H. Complete the following sentences using the ~(으)려다가 form.

1.   머리가 아파서 약을 _____ 그냥 잤더니 괜찮아졌다.

2.   늦어서 택시를 _____ 지하철을 탔다.

3.   이번 학기에 중국어를 _____ 일본어를 듣기로 했다.

4.   _____ 연극을 보러 갔다.

5.   _____ 그냥 집에 있었다.

I. Fill in the blanks as you listen to the sentences.

1.   유미를 파티에 _____ 안 하기로 했다.

2.   민지는 오늘 _____ 하루 더 병원에 있게 됐다.

3.   동수한테 전화해서 _____ 그냥 이메일을 했다.

4.   머리를 _____ 쇼핑만 하고 돌아왔다.

5.   취미로 태권도를 _____ 그냥 조깅을 시작했다.

2.   A: 스티브가 영미의 남자 친구_____ _____이 사실이에요?
                (the rumor that Steve is 영미's boyfriend)

        B: 사실이 아니에요. 남자 친구가 _____ 그냥 친구 사이래요.
                    (not a boyfriend but just a friend)

3.   A: 부모님께 차 사고 _____ 말씀 드렸나요?
             (saying that the car accident occurred)

        B: 아니요, _____(~(으)려다가) 걱정하실 것 같아서 아직

            안 했어요.

4.   A: 서울의 병원들은 얼마나 _____? (~(으)ㄴ가요?/~나요?)

        B: 아주 좋지만 좀 복잡한 편이에요.

5.   A: 아직도 많이 아파?

        B: 응, 아직 열도 있고 기침도 심해. 감기가 이렇게 오래 갈 줄 알았으면

            _____ 그랬나 봐. (~(으)ㄹ 걸)

D. Listen to the following story about Jenny and mark the sentences T(rue) of F(alse). 🎧

1.   _____   Jenny went to the hospital because she had a sore throat.

2.   _____   Jenny had to wait for 35 minutes.

3.   _____   The doctor prescribed three days of medicine.

4.   _____   Jenny has a very serious cold.

5.   _____   It is highly likely that Jenny has to go back to see the doctor.

E. Listen to the narration in D again and fill in the blanks. 🎧

목 감기에 _____ 일주일이 됐는데 감기가 _____ 않아서 병원에 갔다.

예약을 하지 않고 갔기 때문에 많이 _____ 했다. 사람이 아주 많아서

_____이나 기다린 다음에 _____ 받을 수 있었다. 의사 선생님이

_____을 물어보고 나서 _____을 하셨다. 그리고는 _____ 약을

_____ 주셨다. 그렇게 심한 것은 아니니까 약을 열심히 먹고 물을 많이 마시고 푹

_____ 하셨다. 그래도 안 _____ 다시 병원에 와 보라고 하셨다. 하지만

내 생각에는 _____ 될 것 같다. 의사 선생님과 이야기만 했는데

_____ 많이 _____ 느낌이다.

F. Translate the following sentences into Korean using the given patterns.

1. I should have gone to see a doctor a little bit earlier. (~(으)ㄹ 걸 그랬어요)

   _____.

2. Why is this drugstore always so crowded? (~(으)ㄴ가요?/~나요?)

   _____.

3. Did you hear the news that Professor Kim will be discharged (from the hospital) tomorrow?

   _____.

4. I was going to go to buy some medicine but I just stayed home. (~(으)려다가)

   _____.

5.   I like men who can eat anything.

_____.

6.   It seems like we should have gone to a different hospital.
(~(으)ㄹ 걸 그랬어요) & (~(으)ㄴ가 보다/~나 보다)

_____.

G. Listen to the questions and give your own responses. 🎧

1.   _____.

2.   _____.

3.   _____.

4.   _____.

5.   _____.

H. Listen to the questions in G and ask them of your partner. Add two of your own health-related questions.

[Your own questions]

1.   _____?

2.   _____?

[Your partner's answers]

1.   _____.

2. _____ .

3. _____ .

4. _____ .

5. _____ .

6. _____ .

7. _____ .

I. Read the following passage and answer the questions in English.

[질문]	한국 사람들은 대부분 라면을 좋아해요. 사실 라면이 건강에는 안 좋은데 라면을 몸에 좀 좋게 먹을 수 있는 *방법은 없나요?
[답]	라면이 몸에 안 좋은 이유는 라면을 만들 때 라면 *면발을 *튀겨서 그 *기름이 안 좋은 거예요. 되도록이면 안 먹으면 좋겠지만 어떻게 안 먹고 살 수 있나요? 제가 해 먹는 방법은 먼저 라면에 야채를 많이 넣는 거예요. 여러 가지 야채를 많이 넣을 수 있으면 더 좋다고 합니다. 그리고 제일 중요한 것은 라면 *면을 넣기 전에, 라면 *사리를 뜨거운 물에 잠깐 넣었다가 꺼내세요. 그러면 라면에서 나온 기름을 볼 수 있을 겁니다. 이렇게 조금이라도 기름 없이 먹게 되면 라면도 훨씬 덜 *느끼하고, 몸에 안 좋은 기름도 덜 먹게 돼서 건강하게 라면을 먹을 수 있는 거죠. 또 다이어트에도 도움이 된다고 하네요. (modified from http://kr.yahoo.com)

*방법 'method'; 튀기다 'to fry'; 기름 'oil'; 면/ 면발/ 사리 'noodles'; 느끼하다 'be too rich', 'be too greasy'

1. According to the passage above, why is ramen not good for your health?

_____

2. Explain the first method the passage recommends to eat ramen in a healthier way.

_____

3. Explain the second method the passage recommends to eat ramen in a healthier way.

_____

J. Read the following passage and mark the statements T(rue) or F(alse).

기무라 할아버지

*세계에서 두 번째로 나이가 많은 사람은 일본에 살고 있는 기무라 (Kimura) 할아버지이다. 기무라 할아버지는 올해 115 살이신데, 세계에서 가장 나이가 많은 사람은 116 살이신 미국의 Besse Cooper 할머니이시다. 기무라 할아버지는 1897 년에 태어나셔서 예순 다섯 살까지 우체국에서 일하셨다. 할아버지는 아들, 딸이 모두 5 명이고, *손녀, *손주는 모두 14 명, *증손녀, 증손주는 25 명, *고손녀, 고손주들도 13 명이나 된다. 심한 병이 나신 적도 없고 병원에 입원하신 적도 없고 약도 절대로 안 드신다고 한다. 할아버지는 아직도 매일 신문을 읽으시고 매일 세 번 식사를 맛있게 하신다고 가족들이 말했다. 기무라 할아버지는 가족 관계를 가장 중요하게 생각하면서 항상 즐겁고 행복하고 감사하는 마음으로 살았기 때문에 이렇게 건강하게 오래 살 수 있는 거라고 말씀하셨다. 세계에서 가장 나이가 많은 사람 10 명 중에는 기무라 할아버지까지 일본 사람이 다섯 명이나 있다고 한다.

> *세계 'world'; 손녀 'granddaughter'; 손자 'grandson'; 증손녀, 증손자 'great-grandchildren'; 고손녀, 고손자 'great-great-grandchildren'

1. _____   The oldest person in the world is living in Japan.

2. _____   Kimura is the oldest male in the world.

3. _____   Kimura is the oldest person in Japan.

4. _____   Kimura was a postal worker.

5. _____   Kimura was never hospitalized.

6. _____   Kimura sometimes takes medicine.

7. _____   Kimura has meals twice a day.

8. _____   Kimura has 57 offspring.

K. Write a get-well e-mail to your friend who is hospitalized because he/she got his/her arm and leg injured in a ski accident.

_____

_____

_____

_____

_____

_____

_____

_____

_____

_____

L. Write about your resolutions to maintain a healthier lifestyle.

_____

_____

_____

_____

_____

_____

_____

_____

13과 결혼   [Marriage]

CONVERSATION 1	웨딩드레스가 참 잘 어울린다.

A. Choose the Korean words from the box for the following definitions.

결혼식장	미인	살림	상품권	웨딩드레스	인연

1. _____   집안에서 해야 하는 일

2. _____   사람과 사람 사이에 생기는 관계

3. _____   결혼식을 하는 곳

4. _____   아름다운 여자

5. _____   백화점이나 가게에서 물건을 살 수 있는 표

6. _____   신부가 결혼식 때 입는 옷

B. Match the nouns in the left column with the most semantically related nouns in the right column.

1.   신랑   •   •   백화점

2.   결혼식   •   •   중매

3.   살림   •   •   결혼식장

4.   어른   •   •   신부

5.   연애   •   •   아이

6.   상품권   •   •   집

C. Choose the words from the box below that best describes each situation.

급하다	반대하다	반하다	정하다	차분하다	활발하다

1. _____   내 친구는 새로운 사람들을 만나서
여러 가지 일들을 하는 걸 좋아해요.

2. _____   내 룸메이트는 뭐든지
빨리 빨리 하고 싶어하는 성격이에요.

3. _____   파티에 무슨 옷을 입고 갈지 골라야 돼요.

4. _____   나는 그 일이 잘못됐다고 생각해요.

5. _____   나하고 가장 친한 친구는 성격이
조용한 편이에요.

6. _____   현우는 수빈이를 처음 보자마자
좋아하기 시작했대요.

D. Fill in the blanks with the appropriate words from the box below.

그러고 보니	가끔씩	예전	여전히	완전히

1. 신부하고 신랑이 정말 사이가 좋긴 하지만 그래도 _____ 싸우기도
한대요.

2. 그 일을 일주일 동안 열심히 해 가지고 오늘 _____ 끝냈어요.

3. 할머니께서 _____보다 더 건강해지셔서 다행이에요.

4. _____ 수빈이와 현우가 첫눈에 반한 것도 인연이네요.

5. 민지 어머니는 젊으셨을 때와 같이 지금도 _____ 아름다우세요.

E. Complete the following short dialogues using ~군요/구나.

1.   A: 유미가 한 달만에 병원에서 퇴원했대요.

      B: 아, 정말요? _____.

2.   A: 동수는 결혼하면 부모님을 모시고 살 거래.

      B: 아, 동수 씨가 장남_____.

3.   A: 어제 병원에 갔었는데, 정말 사람이 _____.

      B: 요즘 독감이 유행이잖아요.

4.   민지: 열이 나고 기침을 심하게 해요.

      의사: 아, 감기에 _____.

5.   A: 스티브가 자동차 사고가 났다는 소식 들었어요?

      B: 네, 그런데 다치지는 않았대요.

      A: 아, 정말 _____.

6.   A: 민지가 다음 달에 결혼한다는 소식 들었어?

      B: 아, 그래서 민지가 요즘 그렇게_____.

F. Listen to the sentences and respond to them using one word from the box below and ~군요/구나. Use each word only once.

걸리다   다행이다   복잡하다   신나다   조심하다   힘들다

1.   _____

2.   _____

3. _____

4. _____

5. 네, _____

6. _____

G. Complete the following sentences using the verbs from the box and ~자마자. Use each word only once.

| 모이다 | 벗기다 | 정하다 | 타다 | 퇴원하다 | 틀다 | 합격하다 |

1. 스티브는 상품을 _____ 룸메이트한테 줬다.

2. 라디오를 _____ 내가 요즘 제일 좋아하는 노래가 나오기 시작했다.

3. 민수는 병원에서 _____ 일하러 갔다.

4. 아이가 옷을 _____ 울기 시작했다.

5. 내 동생은 대학에 _____ 부모님께 전화를 했다.

6. 수빈이와 우현이는 결혼식 날을 _____ 결혼식장을 알아보러 다녔다.

7. 친구들은 우리 집에 _____ 파티 준비를 시작했다.

H. Ask your partner the following questions.

1. 집에 들어가자마 보통 뭐부터 하세요?

_____.

2.   오늘 한국어 수업이 끝나자마자 뭐 할 거예요?

_____.

3.   오늘 아침에 일어나자마자 뭐 했어요?

_____.

4.   졸업하자마자 뭐를 해 보고 싶으세요?

_____.

5.   이번 학기 끝나자마자 뭐 할 거예요?

_____.

I. Fill in the blanks as you listen to the conversation between Minji and Mark. 🎧

민지: 수빈이가 오늘 정말 _____?

마크: 응, 정말 예쁘다.

웨딩드레스도 너무 잘 _____.

민지: 수빈이가 진짜 어머니를 많이 _____.

어머니께서도 참 _____.

마크: 수빈이가 어머니하고 성격도 많이 _____.

_____ 조용한 게.

민지: 아, 그래? _____ 신랑 신부 성격이 완전히 반대구나.

현우는 활발하고 좀 _____.

마크: 응, 둘이 성격이 많이 달라서 데이트하면서 _____

싸우기도 했대.

민지: 그래도 대학교 때 소개로 만났는데 보자마자 서로 _____

_____.

마크: 그랬구나. 정말 _____.

그런데 넌 결혼 선물로 뭐 했어?

민지: 백화점 상품권 했어.

마크: 난 뭘 해야 _____ 아직 못 정했는데.

한국에선 보통 결혼 선물로 뭘 하니?

민지: 보통 돈을 주기도 하고 살림에 _____ 선물도 사 주고 그래.

마크: 아, _____.

J. Listen to the questions and write your answers. 🎧

1. _____

2. _____

3. _____

4. _____

5. _____

CONVERSATION 2 | 차린 건 없지만 많이 먹어.

A. Choose the Korean words from the box for the following definitions.

| 2박 3일   세제   신혼여행   예식장   집들이   호텔 |

1.   결혼식을 하는 장소:

2.   새로 이사간 집에서 하는 파티:

3.   결혼하고 신랑, 신부가 같이 가는 여행:

4.   여행할 때 돈을 내고 잘 수 있는 곳:

5.   빨래할 때 꼭 필요한 것:

6.   이틀 밤 사흘 낮:

B. Fill in the blanks with the appropriate words from the box below.

| 위치   소리   조건   집안   학벌 |

1.   동수는 한국에서 가장 좋은 학교들만 다녀서 정말 _____이 좋다고 할

수 있죠.

2.   결혼할 때는 여러 _____들을 생각해 봐야 하는 건가요?

3.   옆집에서 항상 음악 _____가 너무 크게 들려요.

4.   그 호텔은 서울에서 가장 _____가 좋은 데 있어요.

5.   수빈이와 현우는 _____끼리 서로 잘 알고 있었대요.

C. Fill in the blanks with the appropriate words from the box below.

| 깨다 | 부러지다 | 부럽다 | 서투르다 | 소개시키다 |

1.   네 친구 민지를 만나 보고 싶으니까 좀 _____?

2.   어제 설거지하다가 그릇을 한 개 _____.

3.   마크는 운동도 잘 하고 노래도 잘 해서 진짜 _____.

4.   스티브가 스키 타다가 다리가 _____ 소식 들었어요?

5.   일 시작한 지 세 달이나 됐는데 아직도 많이 _____.

D. Fill in the blanks as you listen to the sentences. 🎧

1.   숙제 좀 _____ 해라.

2.   이건 오늘 숙제의 _____일 뿐이야.

3.   일본에 _____ 여행갔다 왔어요.

4.   내 동생은 컴퓨터 게임을 너무 많이 해서 _____.

5.   _____ 없지만 많이 드세요.

6.   _____ 가 부러지게 많이 차리셨는데요.

E. Translate sentences 1–6 in section D into English.

1.   _____.

2.   _____.

3. _____.

4. _____.

5. _____.

6. _____.

F. Complete the sentences using ~어/아야 할지 모르다.

1. 오늘 파티에 갈 때 무슨 옷을 _____ 모르겠어요.

2. 감기가 심한데 어느 병원에 _____ 잘 모르겠어요.

3. 안 된다는 말을 어떻게 _____ 모르겠다.

4. 내일 약속 장소에 뭐를 _____ 몰라서 누구한테 물어봐야겠어.

5. 다음 학기에 무슨 과목을 _____ 몰라서 교수님께 전화할 거예요.

6. 아내들의 경우 집안 일을 거의 다 하는 반면, 남편들은 일부분만 하는 경우가 많다. 남녀가 어떻게 집안 일을 _____ 모르겠다.

G. Complete the following dialogues using ~어/아야 할지 모르다.

1. A: 신혼 여행을 어디로 갈지 정했어?

   B: 아니, 가고 싶은 데가 너무 많아서 _____ _____ 할지 모르겠네.

2.   A: 수학 숙제는 다 했어요?

      B: 모르는 문제가 몇 개 있어서 좀 물어보고 싶은데 _____

            _____ 할지 모르겠어요.

3.   [교수님 연구실 앞에서]

      A: 왜 안 들어가고 여기 서 있어요?

      B: 지금 다른 일을 하고 계시는 것 같아 _____ _____

            할지 몰라서요.

4.   [백화점에서]

      A: 뭐 살 건데?

      B: 어머니 생신 선물로 _____ _____ 몰라 걱정이야.

5.   A: 졸업하고 나서 뭐 할지 정했어요?

      B: 글쎄요. _____ 일을 _____ 할지 잘 몰라서 큰일이에요.

            아직도 직장을 찾고 있어요.

H. Complete the following sentences using ~(으)면서.

1.   민지는 답을 _____ 항상 모른다고 해요.

2.   내 동생은 돈도 _____ 새 컴퓨터를 사고 싶어한다.

3.   너 지금 시간 _____ 없다고 하는 거지?

4.   민지와 동수는 _____ 안 친한 척을 해.

5.   감기에 _____ 그렇게 춥게 하고 다니면 안 되지.

6.   내 룸메이트가 어제 그릇을 두 개나 _____ 안 깬 척 했다.

7.   마크는 제니한테 첫눈에 _____ 아닌 척 하고 있다.

I. Connect the two activities using either ~(으)면서 or ~는 동안.

1.
    나   나

_____

_____

2.
    나   내 룸메이트

_____

_____

3.
    내 룸메이트   내 룸메이트

_____

_____

4.
    우리 형   우리 형

_____

_____

5.
    어머니   아버지

_____

_____

J. Listen to the conversation among Dongsoo, Minji, Soobin, and Hyunwoo and answer the questions in Korean.

1.　Q:　오늘은 무슨 날입니까?

　　A: _____.

2.　Q:　동수와 민지는 무엇을 가지고 왔습니까?

　　A: _____.

3.　Q:　현우와 수빈이는 신혼여행을 어디로, 얼마 동안 갔다 왔습니까?

　　A: _____.

4.　Q:　현우와 수빈이의 신혼 생활은 어떻다고 합니까?

　　A: _____.

5.　Q:　민지는 남자 친구가 있는 것 같습니까?

　　A: _____.

6.　Q:　동수는 여자 친구가 있는 것 같습니까?

　　A: _____.

WRAP-UP ACTIVITIES

A. Match the Korean expressions in the left column to the English translations in the right column.

첫눈에 반했어요.   •   •   I traveled for two nights and three days.

차린 건 없지만 많이 드세요. •   •   I was not thinking straight.

정신이 하나도 없어요.   •   •   I fell in love at first sight.

2 박 3 일 여행했어요.   •   •   I haven't prepared anything, but please have a lot.

상다리가 부러지겠네요.   •   •   They are really meant for each other.

정말 인연이네요.   •   •   You prepared so much that the table legs are going to break.

B. Read the following passage and fill in the blanks with the appropriate words from the box below.

| 연애 결혼 | 예식장 | 전통 혼례 | 중매 결혼 | 집안 | 학벌 |

한국의 결혼 문화

옛날에는 거의 모든 사람들이 부모가 정해 준 사람과 결혼하는 _____을 했다.

그렇지만, 요즘은 _____도 많이 한다. _____을 하는 사람들은

결혼에서 제일 중요한 것이 사랑이라고 생각한다. 두 사람이 서로 만나서 사귀다가

사랑하게 되면 결혼하기 때문이다. 반면, 현대의 _____은 아는 사람이

_____이나_____, 직장 같은 조건에 따라 남녀를 소개시켜 준다.

이렇게 만난 두 사람이 서로 마음에 들면 결혼을 한다.

예전에는 한복을 입고 _____를 올렸지만, 요즘에는 현대식으로

_____, 교회, 호텔 등에서 결혼식을 많이 한다.

C. Translate the following sentences into Korean.

1.   Jenny and Mark are getting married next month. (~군요)

    _____.

2.   I am going to start exercising as soon as I am discharged (from the hospital).

    _____.

3.   I don't know which neighborhood I should move to.

    _____.

4.   My roommate pretended not to have money while he just received his allowance. (~(으)면서)

    _____.

5.   We don't know what to buy for a housewarming party.

    _____.

D. Listen to the conversation between Jenny and Steve and answer the following questions in Korean. 🎧

    1.   현우와 수빈의 집들이는 언제입니까?

              _____.

    2.   제니와 스티브는 무엇을 사 가지고 가기로 했습니까?

              _____.

    3.   제니는 집들이를 어떻게 설명하고(explain) 있습니까?

              _____.

    4.   현우와 수빈이는 어떻게 만났습니까?

              _____.

    5.   현우와 수빈의 성격은 어떻습니까?

              _____.

E. Read the following passage and answer the questions in English.

> 한국과 미국의 결혼 *문화에는 다른 *점들이 많다. 첫째로, 한국에서는 결혼할 때 신랑이나 신부의 (1)____이나 (2)____ 같은 것을 중요하게 생각한다. 특히 (3)____ 결혼일 때는 더 그렇다. (4)____결혼을 할 때도 부모님들의 생각이 중요한 편이다. (a)____ 몇 년씩 연애를 하다가도 결혼할 때 부모의 반대 때문에 힘들어하는 사람들도 많은 것이다.
>
> (b)____, 한국에서는 결혼식을 하기 전에 (c) <u>약혼식</u>을 많이 한다. 신랑, 신부 가족들과 친구들이 모두 모여서 같이 점심이나 저녁을 먹는 자리에서 서로

결혼을 할 거라는 약속을 하고 축하를 받는 것이 한국의 약혼식이다. 셋째로, 한국에서는 *전통적으로 장남이 부모를 모신다. 지금은 많이 바뀌기는 했지만 장남은 결혼을 해도 따로 살지 않고 부모를 모시는 것이 한국의 전통 문화이다. (d) 반면에 딸이 결혼해서 부모님을 모시고 사는 경우는 별로 많지 않다.

*문화 'culture'; 점 'point'; 전통 'tradition'

1. What are the three major differences in marriage customs in Korea and the United States discussed in the passage?

    _____.

2. Write the most appropriate conjunction for (a).

    _____.

3. What is the most appropriate word for (b)?

    _____.

4. What does the phrase (c) mean?

    _____.

5. What does the phrase (d) mean?

    _____.

6. Choose the most appropriate word for (1)–(4) from the words below:

    연애   중매   집안   학벌

    (1) _____   (2) _____

    (3) _____   (4) _____

F. Listen to the questions about marriage and write your own answers to them. 🎧

    1.   _____.

    2.   _____.

    3.   _____.

    4.   _____.

G. Listen to the questions in F again and ask your partner(s) the same questions. Add two more questions of your own you would like to ask your classmates about marriage.

    1.   _____.

    2.   _____.

    3.   _____.

    4.   _____.

[Your own questions]

    5.   _____.

    6.   _____.

H. Read the following passage and answer the questions in Korean.

한국에서 남녀들이 결혼하는 나이가 점점 더 높아지고 있다고 한다. 또 20 명 중 3 명은 나이가 더 많은 신부, 나이가 더 어린 신랑과 결혼한다고 한다.

　　*(1)통계에 따르면, 지난해 *평균 남자들은 31.8 세, 여자들은 28.9 세에 결혼을 했다고 한다. 특히 서울에 사는 남녀의 결혼 나이가 한국에서 가장 높은데 남자는 32.2 세, 여자는 29.8 세였다.

　　또 신부가 신랑보다 더 나이가 많은 결혼이 늘어나고 있다고 한다. 지난해 결혼한 35~44 세 여성 4 만 389 명 가운데 1 만 1556 명(29%)은 나이가 더 어린 남자와 결혼한 것으로 *조사됐다. 30 대 후반~40 대 초반에 결혼한 여성 3 명 중 1 명은 '오빠' (2)남편 *대신 '누나' (3)아내가 되기로 정한 것이다. 이렇게 나이가 더 많은 신부, 어린 신랑의 결혼이 늘어나고 있는 것은 여성의 (4)경제력이 커졌기 때문이라고 한다.

　　(5)한편 여자들의 (6)학력이 높아지면서 결혼을 하지 않는 여자들의 숫자도 많아지고 있는 것으로 조사됐다. 같은 나이의 남자들이 학력이 올라가면 결혼을 더 쉽게 할 수 있는 사실과는 반대인 것이다. (Modified from chosun.com)

*통계 'statistics'; 평균 'average'; 조사 'survey'; 대신 'instead'

1.　　요즘 한국에서의 결혼의 사회적 특성(social characteristics)들 세 개는 무엇입니까?

　　(1)

　　(2)

　　(3)

2.   지난 해 한국 남녀의 평균 결혼 나이는 몇 살이라고 합니까?

_____.

3.   (1)–(6)번 단어의 뜻이 무엇일까요? 영어로 써 보세요.

(1)

(2)

(3)

(4)

(5)

(6)

4.   왜 나이 어린 신랑과 나이가 더 많은 신부의 결혼이 많아지고 있다고 생각하십니까?

_____.

5.   왜 학력이 높은 여자들이 결혼을 많이 하지 않는다고 생각하십니까?

_____.

I. What do you think is the most important factor in choosing your spouse (e.g., looks, education, personality, family, financial status, etc.) and why? Write about how you view marriage in your future.

_____

_____

3. _____.

4. _____.

5. _____.

G. Fill in the blanks with appropriate words.

1. 자전거는 _____만큼 빠르지 않아요.

2. _____만큼 쉬운 운동도 없어요.

3. 마크는 한국어 배우기가 _____만큼 쉽지가 않다고 말했어요.

4. _____만큼 어려운 과목은 없을 거예요.

5. _____만큼 멋있는 배우는 없어요.

H. Create sentences using the cues provided in the brackets as in 1.

1. [하와이, 날씨가 좋다]
   하와이만큼 날씨가 좋은 곳은 없을 거예요.

2. [떡볶이 - 맛있다]

   _____.

3. [서울 - 복잡하다]

   _____.

4.   [선생님 - 친절하다]

   _____.

5.   [시카고 - 춥다]

   _____.

6.   [한국 사람 - 가족을 중요하게 생각하다]

   _____.

I. Listen to the dialogues and answer the questions in English. 🎧

1.   What is the woman's opinion of Mark's Korean?

   _____

2.   Why did Minji choose to ride a bike after all?

   _____

3.   What is the current state of Mark's life in Seoul?

   _____

4.   What is Soobin's mom suggesting?

   _____

5.   What is Dongsoo's friend suggesting?

   _____

6.   What is the woman saying about the town?

   _____

| CONVERSATION 2 | 수업에 지각할 뻔했어요. |

A. Choose the word that best describes each picture and write it below the corresponding picture.

| 과제   목욕탕   부부   불   식구   이웃   자녀   찻길 |

1. _____ 2. _____ 3. _____ 4. _____

5. _____ 6. _____ 7. _____ 8. _____

B. Fill in the blanks with the appropriate words from the box.

| 관련   동아리   반말   밤새   별일   점   지각 |

1. 민지는 등산을 좋아해서 학교 등산 _____에 들어갔어요.

2. 성희는 이웃에 사는 아저씨를 만나면 "요즘 _____ 없으세요?"라고

인사를 한다.

3.   요즘 과제가 너무 많아서 _____ 작업을 해야 할 때가 많아요.

4.   스티브는 아침에 늦게 일어나기 때문에 _____하는 경우가 많다.

5.   한국에서는 음식과 _____된 재미있는 일이 많아요.

6.   한국에 살면서 느낀 이상한 _____, 재미있는 _____, 좋은 _____,

     나쁜 _____을 다 말해 보세요. (same word in all four blanks)

7.   민지랑 수지는 친한 친구라서 서로 _____을 한다.

C. Fill in the blanks with the appropriate words from the box below. Conjugate if necessary.

관련   놓치다   당황하다   맞추다   변하다   이상하다   잠들다   하마터면

1.   한국 문화도 조금씩 _____는 것 같다.

2.   처음에 한국 문화를 잘 몰라서 실수를 많이 해서 _____ 적이 많았다.

3.   한국에서 생활하면서 한국 문화와 _____된 말들을 많이 배웠어요.

4.   처음에는 "안 먹겠다"고 해도 계속 음식을 갖다 줘서 _____는데

     나중에는 그게 다 정이라는 것을 알게 됐다.

5.   내일 아침에 기차를 _____지 않으려면 _____기 전에

     알람(alarm)을 잘 _____는 거 잊지 마세요.

6.   오늘 아침에 버스를 놓쳐서 _____ 수업에 늦을 뻔했다.

D. Fill in the blanks with the appropriate words from the box below.

| 다행히 | 따로 | 하마터면 | 함께 |

1. A: 한국에서는 옛날에 남자와 여자가 _____ 식사를 했다면서요?

   B: 네, 맞아요. 집에서도 남녀가 보통 다른 상에서 먹었었죠.

2. A: 내일 민지 씨와 _____ 민속촌 구경가기로 했어요.

   B: 좋으시겠네요. 재미있는 거 많이 구경 하고 오세요.

3. A: 오늘 제가 잠깐 실수하는 바람에 _____ 사고가 날 뻔 했어요.

   B: 그래도 _____ 아무 일이 없었네요.

E. Fill in the blanks with the appropriate words from the box below. Conjugate them using the ~(으)ㄹ 뻔 하다 form as in 1.

| 넘어지다 | 놓고 오다 | 놓치다 | 부러지다 | 수업에 늦다 | 잃어버리다 |

1. 차가 갑자기 고장 나는 바람에 <u>수업에 늦을 뻔 했어요</u>.

2. 어제 학교에 오다가 넘어져서 다리가 _____.

3. 아침에 침대에서 일어나다가 _____.

4. 아침에 5분 일찍 나오지 않았으면 버스를 _____.

5. 집에서 급하게 나오다가 지갑을 _____.

6. 어제 지하철에서 졸다가 하마터면 핸드폰을 _____.

F. Using the picture cues, compose sentences as in 1.

1.   등산을 하다가 길을 잃을 뻔 했어요.

2.   _____

_____

3.   _____

_____

4.   _____

_____

5.   _____

_____

G. Listen to the following conversation and answer the questions in English.

1.   What could have happened to the man?

_____

2. What could have caused the man to almost fall down?

_____

3. Why was the woman worried this morning?

_____

4. Why is the woman being cautious?

_____

5. Why is the woman being grateful to the man?

_____

H. Complete the sentences as in 1.

1. 오랫동안 자리에 앉아서 공부를 했더니 <u>허리가 너무 아파요.</u>

2. 어제 오랜만에 등산을 했더니 _____.

3. 민지한테 전화를 했더니 _____.

4. 오늘 커피를 네 잔이나 마셨더니 _____.

5. 머리를 하러 미용실에 갔더니 _____.

I. Complete the sentences using the ~었/았더니 form as in 1.

1. <u>아주머니가 주신 떡을 다 먹었더니</u> 너무 배가 불러요.

2. _____ 굉장히 화를 내더라고요.

3. _____ 배가 너무 아파요.

4. _____ 늘더라고요.

5. _____ 궁금해하더라고요.

6. _____ 당황하더라고요.

J. Create short dialogues using the given cues and ~었/았더니 as in 1.

1.   [늦다 / 버스, 타다, 차가 막히다]

   A: <u>아니, 왜 이렇게 늦었어요?</u>

   B: <u>버스를 탔더니 차가 많이 막혀서 늦었어요.</u>

2.   [화가 나다 / 수진한테 전화하다, 그냥 끊다]

   A: _____.

   B: _____.

3.   [동호회 모임에 빠지다 / 지난 모임에 가다, 재미없다]

   A: _____.

   B: _____.

4.   [스티브한테 떡을 주지 않다 / 지난 번에 떡을 주다, 맛없어하다]

   A: _____.

   B: _____.

5.   [아기, 어떻게 재우다 / 노래를 부르다, 잠들다]

   A: _____.

   B: _____.

WRAP-UP ACTIVITIES

A. Listen to the following passage and fill in the blanks with what you hear. And then underline all the new words and expressions that you learned in this lesson. 🎧

(1) _____ 재미있는 것도 없다고 생각한다. 왜냐하면 한국 문화는

(2) _____ 신기한 게 많기 때문이다. 처음에는 한국 문화를 몰라

당황한 적도 많다. 그리고 모르는 게 많아서 실수를 많이 하기도 했다. 그래서

처음에는 실수하는 게 싫어서 사람들의 모임에 빠지기도 했다. 나중에 한국

사람들은 친하면 (3) _____ 편하게 된다는 것을 알고 모임에는 웬만하면

빠지지 않았다. 그렇게 열심히 (4) _____ 사람들과 정이 많이 생기고

이웃도 많이 생겼다. 동아리 모임과 회식에도 열심히 나갔다. (5) _____

한국어도 점점 더 늘게 되었다. 가끔 사람들이 왜 내가 한국어를 잘 하는지

궁금해한다. 아니 이상해한다. (6) _____ 미국 사람 같지 않다고 한다.

한국 사람보다 한국 음식을 더 잘 먹고 한국 문화도 잘 알고 한국어 발음도

자연스럽기 때문이다. 한번은 내가 아는 식당 아주머니께서 나한테 아들이 되어 줄

수 있겠냐고 농담을 하셨다. 나도 한국 사람이 다 된 것 같다.

B. Read Steve's essay on his life in Korea and answer the questions in Korean.

내가 한국 생활을 한 지도 벌써 1년이 다 되었다. 처음에 한국에 왔을 때는 문화가 많이 달라서 실수도 많이 해서 당황스러운 것도 많고 불편한 것도 많았다. 또한 재미있는 일도 많았다. 그 중에 한국 음식하고 관련된 일을 하나 소개하겠다.

한국 사람들은 인간 관계를 아주 중요하게 생각하는 것 같다. 좋은 인간 관계를 위해서 모임도 자주 갖고 외식도 많이 한다. 내가 한국의 대학에 들어갔을 때 친구들 모임이나 동아리 모임 때 *외식을 정말 많이 했다. 대학 근처에 있는 모든 음식점에 거의 다 가 본 것 같다. 그래서 음식하고 관련된 재미있는 일도 많이 봤다. 한국 사람들은 식사를 할 때 음식을 그릇 하나에 넣어서 나누어 먹는 일이 많은데, 나는 처음에 크게 놀랐었다. 하지만, 서로 나누어 먹어야 정이 더 생긴다고 한다. 그리고 국같은 음식은 아주 뜨거울 때 먹어야 맛있다고 생각한다. 식사 때 하는 인사도 재미있다. 보통 집주인이 음식을 많이 만들어도 "차린 게 없지만 많이 드세요"라고 한다. 그리고 식사를 시작할 때는 꼭 "잘 먹겠습니다"라고 하고 식사가 끝나면 "잘 먹었습니다."라고 한다.

*외식 'eating out'

1.   스티브의 처음 한국 생활은 어땠습니까?

   _____

2.   스티브는 왜 한국 사람들이 외식을 많이 한다고 생각합니까?

   _____

3.   학교 앞에는 뭐가 많습니까?

   _____

4.   스티브가 놀란 것은 어떤 *관습입니까? (관습 'custom')

_____

5.   재미있게 느낀 것은 어떤 관습입니까?

_____

C. Listen to the following conversations and fill in the blanks with what you hear. 🎧

마크: 동수만큼 영화를 좋아하는 사람도 없을거야.

샌디: 왜 그렇게 생각해?

마크: 어. 동수는 아무리 바빠도 한 달에

       (1) _____ 만큼 영화를 좋아해.

샌디: 나도 영화를 좋아하는데.

       난 (2) _____ 극장에 갈 만큼 영화를 좋아해.

마크: 우리 반에서 마이클만큼 야구를 좋아하는 사람은 없어.

샌디: 얼마만큼 좋아하는데?

마크: 무슨 일이 있어도 티비에서

       (3)_____ 만큼 야구를 좋아한대.

샌디: 민지도 야구를 아주 좋아한다고 들었어. 민지는

       다음날이 (4) _____ 야구장에 가서 야구를

       볼 만큼 야구를 좋아한대.

마크: 너, 스티브 한국어 실력이 얼마나 좋은지 알아?

샌디: 아니. 어느 정도인데?

마크: 한국말을 배운지 (5)_____ 안

됐는데도 텔레비전 뉴스를 거의 다 (6) _____

만큼 한국말을 잘 한대. 발음도 사람들이 미국 사람인지

(7) _____ 만큼 정확하대.

D. Listen to the conversation between Minji and Mark and answer the questions in English. 🎧

1.   How long has it been since Mark saw Minji?

    _____

2.   Why does Mark look tired?

    _____

3.   What could have happened this morning to Mark?

    _____

4.   Where was Mark three days ago?

    _____

5.   How does Mark feel about Korean culture?

    _____

E. Read Yujin's memo and answer the questions in Korean.

> 지난 겨울에 나는 10년 만에 처음으로 한국에 놀러 갔었다. 같은 대학교에 다니는 마크하고 같이 갔다. 그동안 서울은 많이 변한 것 같았다. 공항에서 택시를 타고 시내로 가는데 길이 복잡하고 거리마다 사람들이 너무 많아서 정신이 하나도 없었다. 내가 마크한테 우리 할머니 댁에 가서 같이 자자고 했더니 자기는 호텔에서 자겠다고 했다. 그래서 마크를 시내에 있는 호텔에 내려 주고 나는 할머니 댁으로 갔다. 할머니 댁으로 가다가 내가 10년 전에 살던 동네를 지나가게 되었다. 다른 건물들이 너무 많이 생겨서 우리가 살던 집은 찾기가 힘들었다. 10년 전에는 1층짜리 집들이 많았었는데 지금은 모두 아파트가 되었다.
>
> 한국에 있는 동안 재미있는 일도 많았다. 하루는 밤 늦게 버스를 탔는데 지갑에 돈이 하나도 없었다. 당황해 하고 있는데 어떤 아저씨가 내 버스 요금을 내 주었다. 또 버스나 지하철 안에서 가방을 받아 주는 것을 보았을 때 참 기분이 좋았다. 한국 사회가 빠르게 변하고 있지만 아직도 정이 많고 전통 문화가 남아 있는 것이 인상적이었다.

1. 유진은 한국에 뭐하러 갔어요?

   _____

2. 유진이 한국에 오랜만에 와서 놀란 것은 뭐예요?

   _____

3. 마크는 어디에서 잤어요?

   _____

4. 유진이 10년 전에 살던 동네가 어떻게 바뀌었어요?

   _____

5.   한국 사람들이 인정이 많다고 하는 것을 어떻게 느낄 수 있어요?

_____

F. Which of the following do you think is typical behavior for Koreans? Circle your choice.

1.   처음 만난 사람한테 나이를 물어보거나 결혼했느냐고 물어 본다.

2.   아는 사람들한테는 아주 친절한데 모르는 사람한테는 별로 친절하지 않다.

3.   정이 많은 사람을 좋아한다.

4.   성격이 급해서 뭐든지 빨리빨리 하기를 좋아한다.

5.   나이가 같으면 반말을 해도 된다.

6.   여러 사람이 식사를 같이 했을 때 한 사람이 음식값을 내는 경우가 많다.

7.   딸보다 아들을 더 좋아한다.

8.   사람 이름을 빨간색으로 쓰는 것이 좋지 않게 생각한다.

9.   미국에서처럼 아이들이 부모 이름을 부르는 것은 나쁘지 않다고 생각한다.

G. Ask the following questions of your partners.

1.   한국의 가족 문화와 미국의 가족 문화의 비슷한 점이 뭐예요?

2.   한국의 가족 문화와 미국의 가족 문화의 차이점이 뭐예요?

3.   한국에서 장남이 부모님을 모시는 걸 어떻게 생각하세요?

4.   한국에서 결혼하기 전까지 부모님과 같이 사는 걸 어떻게 생각하세요?

5. 한국과 미국의 식사 문화 중에 다른 것 하나는 뭐예요?

6. 미국에서의 재미있는 미신(superstition)이 있어요?

H. Translate the following sentences.

1. There are no people who consider family as important as Koreans do.

    _____

2. As for sleep, the more you sleep, the more you want to sleep.

    _____

3. Though there are differences between Korean and American cultures, the two cultures can work together.

    _____

4. When I visited my Korean professor's home, I was surprised to see that three generations were living together. (three generations: 삼 대)

    _____

5. I almost had a traffic accident while driving when I was sleepy (lit., driving while dozing off.)

    _____

6. I was embarrassed so many times because I made mistakes since I did not know much about Korean culture in the beginning.

    _____

I. Have you experienced any cultural differences living or travelling in other countries? Write down a couple of examples to share with others in class.

_____

_____

_____

_____

_____

_____

_____

_____

J. Each different culture and society has its own taboos and superstitions. Describe and illustrate a few you know about and what you think about them.

_____

_____

_____

_____

_____

_____

15과 전공과 직업   [Majors and Jobs]

CONVERSATION 1	실수할까 봐 걱정이네요.

A. Write the meaning of the following words and fill in the blanks using one of them.

경쟁 _____ 재수 _____

고민 _____ 적성 _____

기자 _____ 직업 _____

면접 _____ 필기 시험 _____

별 _____ 학원 _____

인생 _____ 후회 _____

1. 우리 남동생은 이번에 대학에 떨어져서 _____를 해야 돼요.

2. 조건만을 생각해서 결혼을 하면 나중에 _____하게 돼요.

3. 대학에 들어가서 어떤 전공을 정해야 할 지 _____이에요.

4. 대학에 지원하는사람이 많아서 대학 입학은 _____이 아주 심해요.
    (입학 'entrance to school')

5. 한국에서 좋은 대학에 입학하는 것은 하늘의 _____ 따기에요.

6. 전공을 선택할 때는 먼저 _____에 맞는지 잘 생각해 봐야 해요.

7. 취직을 할 때 보통 _____도 보고 _____도 봐요.

8. 입시 준비를 위해 많은 학생들이 학교 끝나고 나서 _____에서 공부를 해요.

9.   우리 삼촌은 _____이 신문 _____라서 *글을 많이 쓰세요.
(글 'writing')

10.   _____에서 가장 중요한 것은 사랑인 것 같다.

B. Fill in the blanks with the appropriate words from the box below. Conjugate them accordingly.

넘다   떨어지다   붙다   지원하다   미끄럽다   심하다

1.   눈이 많이 와서 _____서 넘어지지 않으려고 천천히 걸어요.

2.   대학 입학 시험(입시)에 _____기 위해 공부를 많이 해야 된다.

3.   이번에 대학 *경쟁률이 1:5 가 _____었어요. (경쟁률 'competition rate')

4.   나는 대학 입시에 _____서 재수를 한 번 했다.

5.   요즘 대학에 _____는 사람이 많아서 보통 경쟁이 아주

_____다.

C. Listen to the questions and answer them in Korean. 🎧

1.   _____.

2.   _____.

3.   _____.

4.   _____.

5.   _____.

D. Change the following sentences using ~다(라)면서 as in 1.

1.   어제 축구를 하다가 다쳤어요.

    → <u>어제 축구를 하다가 다쳤다면서</u>요?

2.   취직 시험에 붙었다.

    _____.

3.   아버지가 신문 기자예요.

    _____.

4.   내년에 재수를 해야 할지 고민해요.

    _____.

5.   올해 대학 입시 경쟁이 아주 심할거다.

    _____.

6.   오늘 눈이 와서 길이 아주 미끄럽다.

    _____.

7.   전공을 고를 때 중요한 게 적성이에요.

    _____.

E. Based on the dialogue given in brackets, complete the conversation in a way to confirm the information that was heard as in 1.

1.   마크: 이번에 수잔이 결혼을 한대.
            민지: 그래? 수잔은 좋겠다.

            민지: 수잔 씨, 이번에 <u>결혼을 한다면서</u>요?
            수잔: 네. 누구한테 들었어요?

2. 마크: 이번에 수잔이 입시에 또 떨어졌어.
    그래서 다시 재수할 지 고민하고 있대.
    민지: 그래요? 수잔이 참 힘들겠어요.

    민지: 수잔 씨, 이번에 _____?

    수잔: 네. 다시 재수할 지 고민이에요.

3. 마크: 수잔이 취직 필기 시험에 붙어서 면접 시험을 본대.
    민지: 와, 잘 됐다. 면접만 합격하면 취직하는 거네.

    민지: 수잔, 이번에 _____?

    수잔: 응. 근데, 앞으로 면접도 잘 봐야 하기 때문에 조금 더 기다려 봐야 돼.

4. 마크: 수잔이 졸업한 다음에 스티브가 다니는 회사에 지원할거래.
    민지: 그 회사 들어가기 아주 어려운데.

    민지: 수잔 씨, 졸업 후에 _____?

    수잔: 지원하는 게 아니라 그냥 인턴 자리를 알아 볼 거예요.

5. 마크: 수잔의 남자 친구는 성격이 아주 활발하대요.
    민지: 그래요? 수잔하고 아주 잘 어울릴 것 같네요.

    민지: 수잔, 네 남자 친구가 _____?

    수잔: 어? 누구한테 들었어?

F. Listen to the short dialogues and mark the statement (T)rue or (F)alse.

1. _____   유진 아버지는 의사이시다.

2. _____   한국에서는 중요한 게 인간 관계다.

3. _____   수지네 가족은 식구들이 다 모여서 산다.

4. _____ 한국에서는 집에 들어갈 때 신발을 신는다.

5. _____ 마크는 한국어 실력이 별로 늘지 않았다.

6. _____ 소피아는 성격이 아주 차분하다.

7. _____ 민지는 아직 영어가 서투르다.

G. Rewrite the following sentences using ~(으)ㄹ까 봐 as in 1.

1. 시험에 합격해야 해요. 그래서 밤을 새우면서 공부해요.

   이번에 시험에 떨어질까 봐 밤을 새우면서 공부해요.

2. 저는 이제 살이 찌면 안 돼요. 그래서 요즘 다이어트 하고 있어요.

   _____.

3. 면접 시험에서 실수하면 안 돼요. 그래서 지금 연습하고 있어요.

   _____.

4. 아버지께서 구두 때문에 불편해하실지도 몰라요. 그래서 편한 신발을 사 드렸어요.

   _____.

5. 저녁 준비 때문에 어머니께서 힘들어 하시면 안 돼요. 그래서 집에 가자마자 어머니를 도와 드렸어요.

   _____.

6. 졸업하고 취직할 때 후회하면 안 돼요. 그래서 적성에 맞는 전공을 고르는 게 현명한 일이에요.

   _____.

H. Listen to the short dialogues and answer the following questions in English. 🎧

1. Why is Mark in a hurry?

   _____.

2. What makes Minji busy these days?

   _____.

3. Why is Mark informing Minji of his plan?

   _____.

4. What is Minji worried about?

   _____.

5. What is the reason Minji chose economics for her major?

   _____.

6. Why did the man not tell his parents what had happened?

   _____.

I. Answer the following questions using ~(으)ㄹ까 봐(요) as in 1.

1. A: 왜 우산을 가지고 가세요?

   B: <u>비가 올까 봐 우산을 가지고 가요.</u>

2. A: 왜 한국 대학에 지원하지 않으세요?

   B: _____

3.　　A:　왜 처음부터 집으로 전화를 하지 않으셨어요?

　　　B:　_____

4.　　A:　왜 배고프다고 하면서 식사를 안 하세요?

　　　B:　_____

5.　　A:　왜 학원을 다니려다가 안 다니세요?

　　　B:　_____

6.　　A:　오늘 눈이 오는데도 왜 차를 안 가지고 가세요?

　　　B:　_____

7.　　A:　왜 방송국에 지원하지 않으세요?

　　　B:　_____

| CONVERSATION 2 | 경제와 관련된 일을 했으면 합니다. |

A. Match the words in the left column with their meanings in their right column

1.　삼촌　　　•　　　•　self-introduction
2.　자리　　　•　　　•　interview site
3.　문학　　　•　　　•　uncle
4.　자기 소개　•　　　•　seat
5.　면접장　　•　　　•　literature

B. Match the Korean words in the left box with their English counterparts in the right box. Then, fill in the blanks with them to make appropriate sentences.

| 고 3 |
| 마음씨 |
| 본인 |
| 분야 |
| 부전공 |
| 시사 |
| 입학 |
| 재학 |
| 추천 |

| Area |
| Recommendation |
| Self |
| entrance exam |
| heart/ mind |
| current affairs |
| high school senior |
| entrance to a school |
| minor |
| being in school |

1.　대학에 _____을 위해서 제일 먼저 대학 입시를 봐야 한다.

2.　새로 오신 선생님은 _____가 참 좋으시고 친절하세요.

3.　저희 학과의 김 교수님의 _____으로 이 *회사에 지원하게 됐습니다.
　　(*회사 'company')

4.　졸업하고 나서 제 전공 _____에 취직하고 싶어요.

5.   제 전공은 미국 문학이고 _____은 경제학입니다.

6.   먼저 _____을 소개하고 나서 다른 사람들을 소개해 주세요.

7.   취직하려고 면접 시험을 볼 때 _____를 많이 아는 게 중요하다.

8.   저는 지금 한국 대학교 2 학년에 _____중입니다.

9.   한국에서 _____ 학생들은 대학 입시 준비 때문에 아주 바쁘다.

C. Fill in the blanks with the appropriate words from the box below. Conjugate them accordingly.

선택하다	입학하다	관련되다	기억하다	무시하다
살리다	생각나다	잘못하다	가능하다	마르다

1.   이 그림을 보면 무엇이 _____요?

2.   적성을 _____고 전공을 정하면 후회하게 된다.

3.   취직을 할 때 전공을 _____고 싶으면 본인에게 맞는 전공을

       _____세요.

4.   좋은 대학에 _____고 싶으면 지금부터 공부를 열심히 해라.

5.   저한테 큰 실수를 했다고 하는데 제가 이번에 뭐를 _____는지 잘
       모르겠어요.

6.   어제 사고가 났는데 그 사고와 _____ 일들을 잘 _____지
       못 하겠어요.

7.   여기 키가 크고 아주 _____ 사람이 우리 누나예요.

8.   _____면 결혼 후에도 일을 했으면 좋겠어요.

D. Answer the following questions.

1.   대학에서 어떤 전공 분야를 선택할 수 있어요?

_____

_____

2.   문학을 전공하면 할 수 있는 직업이 무엇일까요?

_____

_____

3.   경제학을 전공해서 할 수 있는 일은 어떤 것이 있을까요?

_____

_____

E. Conjugate the following verbs and adjectives into the following patterns.

		Past	**Present**	**Future**
verbs	잘못하다			잘못할지 모르다
	넘다		넘는지 모르다	
	늘다	늘었는지 모르다		
	붙다			
adjectives	이상하다		이상한지 모르다	
	바쁘다	바빴는지 모르다		
	미끄럽다			미끄러울지 모르다
	(이)다			일지 모르다

F. Fill in the blanks with the given words in brackets.

1. 새로 오신 선생님이 마음씨가 [good]_____지 잘 모르겠다.

2. 민지가 자기가 지원한 대학에 [fail, admitted]_____지 _____지 아세요?

3. 이번에 한국에 가서 어디를 [travel]_____지 잘 생각해 봐.

4. 스티브 씨는 대학에서 뭘 [major]_____지 기억 나세요?

5. 마크가 내년에 어떤 회사에 [apply] _____지 참 궁금해요.

6. 지금 삼촌이 다니는 대학에 지원이 [possible] _____지 아세요?

7. 성미 남자 친구 성격이 [impatient; calm] _____지 _____지 알아요?

G. Compose sentences using the given information in brackets and ~지 모르겠다 as in 1.

1. [선생님 / 키가 크다]

    선생님이 키가 크신지 잘 모르겠어요.

2. [경쟁 / 심하다]

    _____.

3. [길 / 미끄럽다]

    _____.

4. [선생님 / 잘 가르치다]

    _____.

5. [한국어 / 많이 늘다]

    _____.

H. Translate the following sentences.

    1.   Do you know if it will rain or not tomorrow?

           _____.

    2.   I do not know if I should retake the college entrance exam next year.

           _____.

    3.   I am wondering if competition is severe in applying for this college.

           _____.

    4.   Do you know who the skinny person is?

           _____.

    5.   I cannot remember what I did wrong.

           _____.

I. Listen to the short dialogues and answer the questions in English. 🎧

    1.   Does Mark know who the woman is? Why?

           _____.

    2.   What did the man ask about?

           _____.

    3.   What is the man worried about?

           _____.

    4.   What is the man's reaction to the woman's question.

           _____.

    5.   What is the woman's concern?

           _____.

J. Complete the sentences using the given cues as in 1.

    1.   [정치학 / 공부하다]

        대학에 가면 <u>정치학을 공부했으면 해요</u>.

    2.   [일찍 / 잠들다]

        내일 아침 일찍 시험이 있으니까 오늘 밤은 _____.

    3.   [문학 / 선택하다]

        다음 학기에 부전공은 _____.

    4.   [전공 분야 / 살리다]

        취직을 할 때는 내 _____.

    5.   [학교 / 지각하다]

        내일부터는 _____.

    6.   [지원한 회사 / 붙다]

        내가 _____.

K. Complete the dialogues using the given cues as in 1.

    1.   [대학에 입학하다 / 문학을 공부하다]

        A: <u>대학에 입학하</u>면 뭘 하고 싶어요?

        B: <u>문학을 전공하면 좋겠어요/전공했으면 해요</u>.

2.   [졸업하다 / 취직하다]

A: _____뭐 할 계획이에요?

B: _____.

3.   [한국에 가다 / 노래방에 가보다]

A: _____뭐 하고 싶어요?

B: _____.

4.   [아주 피곤하다 / 목욕하다]

A: _____.

B: _____.

5.   [오랜만에 친구를 만나다 / 같이 여행하다]

A: _____.

B: _____.

L. Using the cues, compose sentences using ~(으)면 좋겠어요 as in 1.

1.   [민지/찻길/자전거/타다]

민지가 찻길에서는 자전거를 안 탔으면 좋겠어요/ 안 탔으면 해요.

2.   [동수/대학 입시/잘 보다]

    _____

3.   [마크/아침/늦잠/안 자다]

_____

4.   [폴/제니/이번 겨울/결혼하다]

_____

5.   [유미/내년/좋은 곳/취직되다]

_____

M. Listen to the following conversation and answer the questions. 🎧

1.   How do Minji and her parents differ in choosing her major?

_____.

2.   Will Minji's plan work out?

_____.

3.   What does the woman want to do this weekend?

_____.

4.   What is the man's wish?

_____.

5.   What is the woman's plan?

_____.

6.   Why does the woman want to join the theather club?

_____.

WRAP-UP ACTIVITIES

A. Read the following passage and answer the questions in Korean.

> 한국에서는 대학에 들어가는 일이 쉽지 않다. 고등학교를 졸업하고 누구나 대학에 들어 가려고 하기 때문에 경쟁이 아주 심하다. 그래서 고등학교에서의 공부는 대학 입시 준비가 되어 버린다. 그래서, 고등학생들은 경쟁에서 이기기 위해서 3년 동안 제대로 쉬지 못한다.
>
> 대학에 들어 가서도 또 다른 고민이 생긴다. 전공을 선택해야 하기 때문이다. 자기에게 맞는 전공을 선택하는 것도 대학교를 선택하는 일만큼이나 어려운 일이다. 어떤 전공을 선택하는가에 따라 앞으로 인생이 크게 달라질 수 있기 때문에 많은 대학생들은 전공을 선택할 때 고민을 한다. 자기 적성을 무시하고 전공을 잘못 선택하면 마치 자기 발에 잘 안 맞는 신발을 고르는 것같이 불편할 수 있어서 나중에 크게 후회할 지도 모른다. 그래서 누구나 전공을 정할 때는 본인의 적성에 잘 맞는 분야를 고르는 게 아주 중요하다.
>
> 그러나 아직까지도 한국에서는 적성보다는 시험 점수에 따라 학교와 전공을 선택하는 일이 많은 것 같다.

1.   왜 한국에서 대학에 들어가기가 어렵습니까?

   _____.

2.   한국에서 고등학교 생활이 어떻다고 했습니까? 그리고 그 이유(reason)는 무엇입니까?

   _____.

3.   대학교에 들어가서는 어떤 어려움이 있습니까?

   _____.

4.   전공을 선택할 때 왜 적성과 잘 맞춰 봐야 합니까?

_____.

5.   한국에서는 아직도 전공을 선택할 때 어떻게 합니까?

_____.

B. Read the following passage and answer the questions in Korean.

동수는 요즘 고민이 많다. 대학을 졸업하고 나서 무엇을 해야 할지 아직 정하지 못했다. 적성에 맞는 일을 찾아야 하는데 그것이 무엇인지 아직 잘 모른다. 그런데 지난 주에 신문사에서 기자를 뽑는 광고(advertisement)가 났다. 그래서 지원서(application form)를 냈고 어제는 필기 시험도 보고 면접도 봤다. 그런데 떨어질까 봐 걱정이다. 필기 시험은 잘 본 것 같은데 면접은 잘 못 본 것 같다. 왜냐하면 면접관이 어려운 질문을 많이 했기 때문이다. 그래서 합격할 수 있을지 잘 모른다. 경쟁률도 아주 높다. 10 명을 뽑는 데 105 명이 지원을 했다. 경쟁률이 10 대 1 이 넘는다.

동수가 뽑혀도 고민이다. 기자 일이 자기의 적성과 잘 맞을지 모르기 때문이다. 문학을 전공한 동수는 글 쓰기는 좋아하지만 사람들을 많이 만나는 건 싫어한다. 기자가 되려면 글도 잘 써야 하지만 사람을 만나는 것도 잘 해야 한다. 동수는 적성에 안 맞는 직업을 선택하면 나중에 후회할지도 모른다는 생각이 들었다.

1.   동수는 요즘 왜 고민이 많습니까?

_____.

2.   동수는 신문사에 지원를 하고 나서 왜 걱정을 합니까? 두 가지 이유를 써
      보세요.

      _____.

3.   신문 기자가 동수의 적성에 맞습니까? 왜요?

      _____.

4.   밑줄친(underlined) 문장을 번역(translation)하세요.

      _____.

C. Listen to the following conversations and answer the questions in English.

1.   [Conversation between Mark and Minji]

      a. Why is Mark worried?

      _____.

      b. What is Mark's plan if his current attempt does not work?

      _____.

2.   [Conversation between Mark and Minji]

      a. What did the woman do last month, according to the man?

      _____.

      b. What is the current status of the woman regarding her endeavor?

      _____.

c. What are the chances of the woman achieving her goal?

_____.

d. What will be helpful for having a good interview?

_____.

3. [Conversation between Mark and Sandy]

a. What is Sandy unsure about regarding her life after her graduation?

_____.

b. What is Mark suggesting?

_____.

c. What is Sandy's plan for finding a job?

_____.

4. [Conversation between an interviewer and Minji]

a. What is the current status of Minji?

_____.

b. Who encouraged Minji to apply for the job?

_____.

c. What does Minji regret about her college life?

_____.

D. Write the word that is being described.

1.   한국의 고등학생들은 대학에 입학하기 위해 학교 말고 어디에서 공부를 많이 해요?

   _____.

2.   대학 입학 시험을 보고 떨어진 학생들은 보통 뭐를 해요?

   _____.

3.   들어 가고 싶은 대학에 지원자가 너무 많으면 뭐가 심하다고 해요?

   _____.

4.   대학에서 전공을 선택할 때 뭐하고 잘 맞는지를 생각해야 돼요?

   _____.

5.   '학교에 다니고 있다'라는 뜻의 두 글자(letter)의 단어는 뭐예요?

   _____.

6.   한국에서 취직을 할 때 보통 뭐와 뭐를 봐야 해요?

   _____.

7.   취직할 때 자기가 잘 아는 사람한테 무엇을 받아요?

   _____.

8.   잘 하지 못했거나 하고 싶었는데 하지 못한 것을 나중에 왜 그랬을까라고 생각해 보는 것을 뭐라고 합니까?

   _____.

9.   아주 어려운 일을 말합니다.

   _____.

● E. Ask the following questions of your partner (or answer them by yourself).

    1.   한국의 대학 입학과 미국의 대학 입학의 다른 점이 뭐라고 생각하세요?

                  _____

                  _____

    2.   한국의 대학 생활과 미국의 대학 생활에서 비슷한 점과 다른 점이
무엇입니까?

                  _____

                  _____

    3.   전공이 있어요? 왜 지금의 전공을 선택하게 됐어요?

                  _____

                  _____

    4.   한국에서 취직을 할 때와 미국에서 취직을 할 때 비슷한 점과 다른 점은
무엇입니까?

                  _____

                  _____

F. Translate the following sentences.

    1.   Entering a broadcasting company is like 'picking a star from the sky'.

                  _____.

2.   Since competition for entering a college is stiff, high school students prepare for college entrance examinations from the first year.

_____

_____.

3.   I am so worried that I might fail in the interview.

_____.

4.   I do not remember well whether or not I made a mistake in the interview.

_____.

5.   I'd like to find a job related to economics, if possible, because I majored in economics.

_____.

6.   If you ignore your aptitude in selecting your major, you might regret it.

_____.

7.   Doing work not fit for your aptitude is like wearing shoes that don't fit your feet.

_____.

8.   It would be wise for you to choose a major that fits you.

_____.

G. Write an essay comparing the Korean and American education systems.

_____

_____

_____

_____

_____

_____

_____

_____

_____

_____

H. Write a short essay of self-introduction like that needed for a job application in Korea.

_____

_____

_____

_____

_____

_____

_____

_____

_____

_____

4. "유튜브에 동영상 올릴 수 있어요?"

    _____

5. "오늘 저녁에 같이 모여서 시험 준비 하자."

    _____

Now, the form ~더라고요 is used to report what you have experienced or witnessed. Complete the sentences based on the picture provided as in 6.

6.   아침에 민지가 길에서 <u>버스를 기다리더라고요</u>.

7.   지난 주에 스티브가 _____

8.  어제 마이클이 파티에서 _____

9.   휴일인데도 길이 많이 _____

10.  집에 가는데 어떤 아저씨가 _____

H. Choose the appropriate suffix in the brackets. Then, change the verbs in parentheses accordingly and fill in the blanks with them.

1.   [~느라고; ~던데]

    A: 요즘 백화점에서 (세일하다) _____ 같이 갈래요?

    B: 저는 이번 달에 친구들이랑 제주도에 (놀러가다) _____

        돈을 너무 많이 썼어요.

2.   [~었/았다가; ~(으)ㄹ 테니까]

    A: 퇴근 시간에는 백화점이 많이 (붐비다) _____ 좀 더

        일찍 가세요.

    B: 아, 저는 미용실에 (들르다) _____ 좀 늦게 가려고요.

3.   [~(으)ㄴ가 보다; ~나 보다]

    A: 마크가 민지랑 아주 (친하다) _____.

    B: 아, 네. 학교에서 같은 동호회에 (있다) _____.

4.   [~대요; ~더라고요]

    A: 친구가 그러는데 마크랑 민지가 (사귀다) _____.

    B: 아, 그래요? 항상 둘이 같이 (다니다) _____.

5.   [~게 하다; ~어/아 버리다]

    A: 파마를 너무 자주 해서 머리가 (상하다) _____.

    B: 아, 그래요? 그럼 파마를 좀 (굵다) _____.

N. Crossword Puzzle 2

Across

1. spicy rice cake
4. seaweed soup
5. movie file
6. Korean Thanksgiving
7. meeting
8. perm
10. smell
14. long weekend
15. text message
16. free time
19. leaving work
20. every month

Down

1. rice cake soup
2. barbershop
3. appreciation
4. beauty shop
5. (amateur) club
6. harvest
9. the last
11. New Year
12. of course
13. specialty
16. still, so far yet
17. going to work
18. half moon

O. Crossword Puzzle 3

Across

1. phone call
4. sports stadium
5. discount stores
9. to look like
10. to make someone laugh
11. entertainment
13. ingredient, material
14. properly
15. barely
18. to trim
20. to be slim

Down

1. dessert
3. makeup
4. experience
6. hardship
7. to turn off
8. baby
11. reservation
12. never
13. to make someone sleep
16. to cut (hair for men)
17. to overlap
19. New Year's Day

G. Complete the sentences by matching each phrase in the left column with the most appropriate clause in the right column.

찻길에서 자전거를 피하려다가 •　　　　• 중매 결혼을 하는 것 같다.

졸업하자마자 취직하지 말고 •　　　　• 목이 아파요.

한자 공부는 하면 할수록 •　　　　• 대학원에 갈 걸 그랬어요.

결혼할 때 조건이 안 맞을까 봐 •　　　　• 사고가 날 뻔했어요.

밤새 기침을 했더니 •　　　　• 더 어려워지는 것 같아요.

H. Fill in the blanks with the appropriate words from the box. Use each word only once, and change the form using the suffix ~다면서/(이)라면서 as in 1.

2박 3일   고 3   고민하다   부러지다   빠지다   지키다

1.　A:　스티브가 내일 미국에 <u>간다면서요</u>?

　　B:　네, 형이 주말에 결혼한대요.

2.　A:　미나가 내일 수업에 _____?

　　B:　독감에 걸려서 집에서 쉬어야 한대요.

3.　A:　신혼 여행이 _____?

　　B:　네. 호텔에서 이틀밖에 안 자요.

4.　A:　동수가 시간을 잘 안 _____?

　　B:　네. 수업에도 항상 늦게 와요.

5.   A: 민지 동생이 _____?

      B: 네. 입시 때문에 요즘 매일 공부만 한대요.

6.   A: 민수가 팔이 _____?

      B: 네. 차 사고가 나서 팔을 다쳤대요.

7.   A: 면접 때문에 _____?

      B: 네. 어떻게 준비해야 할지 몰라서 걱정이에요.

I. Construct full sentences using the given components in brackets.

1. [가끔씩 / 첫눈 / 연애 / 부럽다]

   _____

2. [되도록 / 약 / 줄이다/ 왜냐하면 / 가능하다]

   _____

3. [예전 / 놀라다 / 반면에 / 무시하다]

   _____

4. [그러고 보니 / 식후 / 이웃 / 나누다]

   _____

5. [면접관 / 느낌 / 만큼 / 차분하다]

   _____

J. Complete the dialogues by describing your situation. Use your own story or the illustrations as cues.

1.   의사: 어떻게 오셨어요?

        You: _____

        _____

2.   면접관: 가족 관계가 어떻게 되십니까?

        You: _____

        _____

3.   친구: 생일 축하해~ 촛불 끄기 전에 소원을 말해 봐.

        You: _____

        _____

4.   선생님: 한국과 미국 문화 중 가장 다른 점을 말해 보세요.

        You: _____

        _____

        _____

K. Follow the instructions below based on the situations provided.

1.   Create a short sentence describing a dangerous or difficult situation that you experienced in the past using ~(으)려다가 and ~(으)ㄹ 뻔하다.

2.   Create a short dialogue between two close friends using ~자마자 and ~구나.

3.   Create a short dialogue between A and B about some experience about some culture shock using ~(으)면 ~(으)ㄹ수록 and ~어/아야 할지 모르다.

4.   Create a short sentence describing any regret you have and a wish related to that regret. Use ~(으)ㄹ 걸 그랬다 and ~었/았으면 하다.

L. Crossword Puzzle 1

Across
2. academic clique
3. current affairs
5. seat
6. hospitalization
7. almost
8. being at school
10. beautiful woman
12. mistake
13. heart, mind
14. location
16. opposition
18. reporter
19. completely
20. difference
23. rest

Down
1. sound
2. cram school
4. society
6. school admission, entrance
8. retaking the college exam
9. pronunciation
11. life
12. skill, ability
13. as if, like
15. written exam
16. impolite talk
17. seat belt
21. neighbor
22. get-together (work)

M. Crossword Puzzle 2

Across

1. abnormality
3. rumor
5. to be animated
9. almost
12. to be adequate
14. wedding hall
16. area
19. to be deep
20. method
21. assignment
23. anything particular

Down

2. gift certificate
4. literature
6. development
7. fortunately
8. to decide
10. interview site
11. one part
13. to be flustered
15. family member
17. prescription
18. detergent
21. process
22. matter of concern

N. Crossword Puzzle 3

Across
1. children
2. diet
4. symptom
6. waist, back
7. digestion
9. social club, group
11. five days
14. bride
15. connection
19. to pick, pluck
20. competition
21. consistently

Down
1. self-introduction
2. leg
3. adult
5. table legs
8. all night long
10. wife
12. instead of
13. self
16. dating
17. regular
18. to increase
19. separately
20. case, scenario
21. lateness